À Laura

B. H.

Bertrand Hourcade

ANTHOLOGIE POÉTIQUE

Du même auteur

Dictionnaire de l'anglais des métiers du tourisme, Pocket, Paris, 1995

Cours de pratique du français oral, Messeiller, Neuchâtel, 1996

Dictionnaire du Rugby: français-anglais, anglais-français, La Maison du dictionnaire, Paris, 1998

Dictionnaire explicatif des verbes français, La Maison du dictionnaire, Paris, 1998

Le Village magique, roman, Les Iles futures, Pully, 2001

Les Roses du château, nouvelles, Les Iles futures, Pully, 2004

Pratique de la conjugaison expliquée, Voxlingua, Leysin, 2006

Comment écrire une composition : 50 modèles pour apprendre à structurer un texte, Voxlingua, 2006

Explanatory Dictionary of Spanish verbs, Voxlingua, 2006

Práctica de la conjugación española, Voxlingua, 2006

Le Don du pardon, pièce de théâtre, Voxlingua, 2006

Voyage au pays des couleurs, conte, Voxlingua, 2008

Anthologie de théorie littéraire : du classicisme au surréalisme, Voxlingua, 2009

Anthologie de poésie française, Voxlingua, 2009

Marée blanche à Biarritz, roman,, Voxlingua 2013

Fatwa, roman, Voxlingua 2018

© 2009, Voxlingua
Dépôt légal effectué en Suisse : 2009

© 2019, Bertrand Hourcade
Edition : Books on Demand,
12/14 Rond-Point des Champs-Élysées, 75008 Paris
Impression : BOD – Books on Demand. Norderstedt, Allemagne
ISBN : 9782322209842
Dépôt légal : mars 2020

Poésie ô trésor, perle de la pensée

Vigny

Avant-Propos

Lecteur, tu trouveras ici une courte anthologie poétique dont les extraits choisis sont, pour une bonne part, des morceaux connus du grand public. Mais la raison réelle de leur choix réside dans le fait qu'ils se prêtent bien à l'analyse.

En effet, s'il est des poèmes qui méritent d'être savourés dans le for intérieur de l'esprit et dont le partage des idées, difficile à accomplir, peut laisser insatisfait, il en est d'autres qui se prêtent admirablement à l'explication et à l'analyse. Cette particularité, loin de leur ôter tout charme, revêt au contraire à mes yeux une valeur essentielle : celle de pouvoir communier non seulement avec le poète mais également avec d'autres lecteurs, et, en l'occurrence, avec toi, mon étudiant, mon frère.

Un autre souci qui a guidé le choix des extraits de cette anthologie réside dans le désir de présenter une très large variété poétique : ainsi trouvera-t-on en place d'honneur, inévitablement et bien heureusement, la poésie lyrique sous ses diverses formes : amoureuse, nostalgique, sentimentale, élégiaque ou encore larmoyante, bouleversante, désespérée, etc. Comment en effet concevoir une telle anthologie sans y inclure le joyau le plus beau de l'art poétique ?

Mais j'ai aussi voulu insérer les autres types poétiques importants que l'on a parfois tendance à reléguer au second rang et qui ne trouvent pas nécessairement place dans des ouvrages semblables à celui-ci : je parle de poésie dramatique, (Corneille, Racine, Rostand, etc.), satirique (Agrippé d'Aubigné, Boileau, Voltaire, Hugo, etc.), épique

(Turold, Hugo, etc.), ou encore des formes de poésie plus rares comme, par exemple, la veine héroï-comique (Boileau).

Enfin, je n'ai pas pu ne pas inclure quelques magnifiques poèmes en prose de nos grands musiciens littéraires que sont, entre autres, Chateaubriand, Rousseau, et Baudelaire.

Dans un autre registre, je n'ai pas pu, non plus, me retenir de placer quelques notions essentielles de versification ainsi que quelques modèles d'explication écrite et orale de poèmes, en espérant que cela pourra peut-être aider certains à entrer dans l'univers poétique et à s'y plaire.

Ainsi donc, lecteur, à toi de jouir de ces fruits de l'esprit sélectionnés pour ton plaisir. J'espère que la lecture de cette compilation sera un passe-temps agréable pour certains, un déclic pour d'autres et enfin, pourquoi pas, un tremplin pour de futurs poètes.

Notions de versification

La versification est l'ensemble des procédés que le poète emploie pour s'exprimer en vers.

CESURE / HEMISTICHE

La césure est l'endroit où le vers est coupé par un repos que le sens autorise.
Ex. Ils sont blottis, pas un ne bouge   Rimbaud

L'hémistiche est la césure d'un alexandrin.
Ex. Tombe sur moi le ciel, pourvu que je me venge   Corneille

La règle étant qu'il faut toujours un accent tonique à la fin de chaque moitié de vers, on élide toujours l'e muet (lettre barrée ci-dessous) qui termine le mot à cet endroit :
Ex. Oui, je viens dans son templ(e) adorer l'Eternel. Racine

Les vers comptant moins de 9 syllabes n'ont plus de césure fixe mais des accents mobiles au nombre de 1 ou 2 par vers. Les vers comptant moins de 6 syllabes n'ont en général plus d'accent.

ELISION

L'élision est le retranchement ou l'annulation de l'e muet à la fin d'un mot immédiatement suivi d'un autre mot qui commence par une voyelle ou par un h non aspiré.
Ex. Ma fill(e), il faut céder, votre heur(e) est arrivée.   Racine

L'élision est indispensable à la fin du 1er hémistiche qui ne finit jamais par un e muet:
Ex. Oui, je viens dans son templ(e) adorer l'Eternel.   Racine

Le muet à la fin d'un mot suivi d'un mot commençant par une consonne ne s'élide pas:
Ex. La honte de cent rois et la mienne peut-être.   Racine

ENJAMBEMENT / REJET

Un enjambement est le report au vers suivant d'un ou plusieurs mots nécessaires au sens du vers précédent.

Ex. Serait-ce déjà lui? C'est bien à l'escalier
   Dérobé …   V. Hugo

Un rejet est un élément de phrase placé au début du vers, mais rattaché au vers précédent par la construction.

Ex. Auras-tu donc toujours des yeux pour ne point voir,
   Peuple ingrat ?   Racine

La différence entre enjambement et rejet consiste dans la nature du lien qui unit le premier au deuxième vers : si la partie rejetée au deuxième vers est très étroitement liée au premier, on parlera d'enjambement ; si elle moins liée, on parlera alors de rejet.

HEMISTICHE voir césure

HIATUS

Un hiatus est la rencontre de deux voyelles à l'intérieur d'un mot (ex. camélia / géant) ou entre deux mots (il a eu).
L'emploi de l'hiatus est réglementé et son usage peu recommandé car il risque de provoquer des sons désagréables à l'oreille, même si les écrivains classiques l'ont parfois utilisé :

Ex. Plaignez-vous-en encor   Corneille

Il est à noter que l'emploi des liaisons en français est un moyen pour éviter les hiatus.

INVERSION

C'est la principale des licences poétiques. L'inversion change la disposition ordinaire des éléments de la phrase pour mettre en évidence des idées spécifiques ou pour créer des effets stylistiques.

Ex. Aujourd'hui *dans un homme* un peuple est tout entier
Chénier
Ex. *A des partis plus hauts* ce beau fils doit prétendre
Corneille

LICENCES POETIQUES
Ce sont des permissions accordées aux poètes du libre
emploi de termes dont la prose ne se sert pas d'une manière
courante. L'une des plus courantes est l'inversion.

MESURE
C'est le nombre et l'arrangement des syllabes dont le vers se
compose.

PIED
Unité rythmique constituée par un groupement de syllabes d'une
valeur déterminée.

REJET voir enjambement

VERS BLANC Vers sans rimes.

VERS LIBRE
Vers de différents mesures et qui ne sont donc pas soumis à des
retours réguliers.
Ex. La Cigale ayant chanté
    Tout l'Été,
    Se trouva fort dépourvue
    Quand la bise[2] fut venue.   La Fontaine

A partir de 1885, le vers libre est un vers sans rime ou presque, à
césure libre, d'un nombre de syllabes à peu près quelconque.

Le poème

Poème sans forme fixe

Un poème sans forme fixe est un poème dont la longueur, la rime et le rythme sont laissés à la fantaisie du poète.

Le nombre de vers, la quantité de strophes, le type, la richesse et la succession des rimes, en un mot tous les aspects de versification ne sont régis par aucune règle fixe et dépendent en fait de la seule volonté du poète.

Il est en fait très difficile de concevoir un poème sans forme fixe, si ce n'est en l'opposant aux différentes formes de poème à forme fixe pour constater qu'il ne correspond à aucune d'entre elles.

Poème à forme fixe

Un poème à forme fixe est un poème qui est régi par des règles très strictes. Selon la définition de Banville dans son *Petit Traité de poésie française*, les poèmes traditionnels à forme fixe sont ceux « pour lesquels la tradition a irrévocablement fixé le nombre de vers qu'ils doivent contenir et l'ordre dans lequel ces vers doivent être disposés. »

Les principaux poèmes à forme fixe sont les suivants:

Le **triolet**
Il comprend 8 vers sur deux rimes. Plusieurs vers sont répétés. Ce poème convient surtout à la satire.

La **villanelle**

Elle comprend un nombre impair de tercets suivis d'un quatrain final. Les vers de sept syllabes, sur deux rimes. Plusieurs vers sont répétés.

le **rondeau**
Tout comme le **rondel** (qui est une variation) a 13 vers, généralement de 10 syllabes, sur 2 rimes. Une partie du poème constitue un refrain.

la **ballade**
elle est composée de 28 vers sur 3 rimes ou 35 vers sur 4 rimes.
Elle a 3 couplets et demi construits sur les mêmes rimes.
Les 3 couplets de la ballade se terminent par le même vers qui sert de refrain.
Le demi-couplet final porte le nom d'envoi commence généralement par le mot Prince ou un mot équivalent.

le **sonnet**
il est composé de 14 vers distribués en 2 quatrains suivis de deux tercets. Il comprend 4 stances ou strophes. La succession des rimes est: abba abba cc dede
On trouve parfois une variante populaire au 16e siècle: abba abba cc deed
Le sonnet est le type de poème à forme fixe qui est encore très répandu aujourd'hui.

L'**épigramme**
C'est un petit poème satirique, souvent un quatrain.

On trouvera dans cette anthologie des exemples de rondeaux (Charles d'Orléans), de ballades (Villon), de sonnets (Du Bellay, ...) et d'épigrammes (Voltaire).

La strophe

En poésie, on n'utilise pas le terme paragraphe, mais le terme **strophe** ou **stance**.

Parmi les strophes, les plus courantes sont les suivantes :

Le **distique** qui est une strophe de 2 vers.

Le **tercet** qui est une strophe de 3 vers.

Le **quatrain** qui est une strophe de 4 vers.

Le **quintin** qui est une strophe de 5 vers.

Le **sizain** qui est une strophe de 6 vers.

Le **huitain** qui est une strophe de 8 vers.

Le **dizain** qui est une strophe de 10 vers.

Ci-dessous, on trouvera des extraits du célèbre poème *Les Djinns* de Victor Hugo.
La particularité de ce poème est que chaque strophe est différente des autres du point de vue de la longueur des vers :

Murs, ville,
Et port,
Asile
De mort, …

Dans la plaine
Naît un bruit.
C'est l'haleine
De la nuit…

La voix plus haute
Semble un grelot.
D'un nain qui saute
C'est le galop…

La rumeur approche.
L'écho la redit.
C'est comme la cloche
D'un couvent maudit ;…

Dieu ! la voix sépulcrale
Des Djinns !... Quel bruit ils font !
Fuyons sous la spirale
De l'escalier profond….

C'est l'essaim des Djinns qui passe,
Et tourbillonne en sifflant !
Les ifs, que leur vol fracasse,
Craquent comme un pin brûlant…

Ils sont tout près ! - Tenons fermée
Cette salle, où nous les narguons.
Quel bruit dehors ! Hideuse armée
De vampires et de dragons !...

Cris de l'enfer! voix qui hurle et qui pleure !
L'horrible essaim, poussé par l'aquilon,
Sans doute, ô ciel ! s'abat sur ma demeure.
Le mur fléchit sous le noir bataillon….

Le vers

Un vers est une suite de mots soumis à un rythme déterminé.
Les vers peuvent être de différentes mesures ou longueur.
En poésie française, les vers les plus courants sont traditionnellement les vers pairs.
Parmi les vers impairs, ceux de 9, 11, 13 syllabes (et plus) sont très peu usités.
Les vers comptant moins de 9 syllabes n'ont plus de césure fixe mais des accents mobiles au nombre de 1 ou 2 par vers.
Les vers comptant moins de 6 syllabes n'ont en général plus d'accent.

Les éléments principaux du vers sont :
1. le **nombre** : répartition rythmique et harmonique des éléments d'un vers. On le connaît à la longueur du vers, et donc à son nombre de pieds.
2. la **césure** : repos à l'intérieur d'un vers. La césure classique coupe le vers en deux hémistiches.
3. la **rime** : uniformité de son dans les syllabes qui terminent deux ou plusieurs vers correspondant l'un à l'autre.

LE NOMBRE

Les vers peuvent être de différentes mesures ou longueur.
En poésie française, les vers les plus courants sont traditionnellement les vers pairs.
Parmi les vers impairs, ceux de 9, 11, 13 syllabes (et plus) sont très peu usités.

Les vers se différencient par leur longueur et le nombre de pieds. On trouve ainsi :

vers de 12 pieds : **l'alexandrin**
Il est aussi appelé grand vers, hexamètre (= 6 pieds) ou vers héroïque.C'est le vers le plus important de la versification française.L'alexandrin classique comprend une césure après la 6e syllabe qui divise le vers en 2 hémistiches égaux de 6 syllabes chacun.
Tombe sur moi le ciel, // pourvu que je me venge! Corneille

Depuis le début du 19e siècle et la révolution romantique, l'alexandrin a été assoupli et comprend parfois 2 césures qui divisent le vers en trois parties. On appelle ce vers-là **ternaire** ou **trimètre**.
Ex. J'ai disloqué // ce grand niais // d'alexandrin   V. Hugo

vers de 11 pieds : **l'endécasyllabe**
Il est coupé par une césure en deux parties inégales: 5 puis 6 syllabes.
Un petit garçon // demandait à son père

vers de 10 pieds : le **décasyllabe**
la césure (= le repos) est après la 4e syllabe.
O récompense // après une pensée
Qu'un long regard // sur le calme des dieux!   Valéry

vers de 9 pieds :   **l'ennéasyllabe**
la césure est généralement après la 3e syllabe.
Des destins, // la chaîne redoutable
Nous entraîne // à d'éternels malheurs.   Voltaire

vers de 8 pieds: **l'octosyllabe**
Les vers de 8 syllabes et moins n'ont pas de césure obligée (voir vers 2 ci-dessous).
Je suis venu, calme orphelin,
Riche de mes seuls yeux tranquilles,
Vers les hommes des grandes villes:
Ils ne m'ont pas trouvé malin.   Verlaine

vers de 7 pieds : **l'eptasyllabe**
l'accent se met en général sur la 3e ou 4e syllabe.
L'orage a brisé le chêne
Qui seul était mon soutien.   Arnault

vers de 6 pieds : le vers de 6 syllabes ou de trois pieds est une moitié d'alexandrin. Il est en général entremêlé avec d'autres plus longs que lui.
Hélas! si jeune encore,
Par quel crime ai-je pu mériter mon malheur?   Racine

vers de 5 pieds :
le vers de 5 syllabes ou de deux pieds et demi. Les vers de 5 syllabes ou moins n'ont généralement plus d'accent du tout.
J'ai fait, pour vous rendre
Le destin plus doux,
Ce qu'on peut attendre
D'une amitié tendre...   Mme Deshoulières

vers de 4 pieds : le **tétrasyllabe**.
Vers assez rare.
Le ciel est, par-dessus le toit,
Si bleu, si calme!
Un arbre, par-dessus le toit
Berce sa palme.   Verlaine

vers de 3 pieds : le **trisyllabe**.
Ce vers s'emploie surtout entremêlé à d'autres:
La Cigale, ayant chanté
Tout l'été
Se trouva fort dépourvue
Quand la bise fut venue ...   La Fontaine

vers de 2 pieds : le **dissyllabe**.
Ce vers s'emploie surtout entremêlé à d'autres:
O maître

Puissant,
Roi juste,
Auguste
Et bon ...   A. Pommier

vers de 1 pied : le **monosyllabe**
Fort
Belle,
Elle.
Dort; …   *Rességuier*

La rime

DEFINITIONS

Consonance: uniformité ou ressemblance du son final de deux ou plusieurs mots.

assonance: répétition du **même son**, spécialement de la voyelle accentuée à la fin de chaque vers.
Ex.: belle / rêve   voir
allitération

rime: la rime est l'uniformité de son dans les syllabes qui terminent deux ou plusieurs vers correspondant l'un à l'autre. C'est donc l'homophonie de la **voyelle finale** et des éléments sonores qui la suivent.

Les 3 éléments majeurs de la rime:
1. le **type** de la rime
2. la **richesse** de la rime
3. la **succession** des rimes.

1 TYPE DE LA RIME

rime masculine: c'est la rime des mots dont la finale n'a pas de e muet.
ex. La maison du matin rit au bord de la mer,
La maison blanche au toit de tuiles rose clair.   Samain

rime féminine: c'est la rime des mots dont la finale a un e muet.
ex.   Derrière un pâle écran de frêle mousseline
Le soleil luit voilé comme une perle fine.   Samain

En poésie classique, les rimes masculines et féminines se succèdent toujours:
si a est masculin, b est féminin, etc.

20

Ex. la maison du matin rit au bord de la mer,
La maison blanche au toit de tuiles rose clair.
Derrière un pâle écran de frêle mousseline
Le soleil luit voilé comme une perle fine.   Samain

2 RICHESSE DE LA RIME

rime riche: comprenant au moins une voyelle et sa consonne
d'appui.
Ex. im**age** / homm**age**

rime pauvre: comprenant seulement une voyelle.
Ex. am**i** / par**i**

3 DISPOSITION DES RIMES

rimes plates ou suivies ou jumelles:

Dans Venise la rouge,   a
Pas un bateau ne bouge,   a
Pas un pêcheur dans l'eau,   b
Pas un falot.   b   Musset

rimes embrassées :

Les rumeurs du jardin disent qu'il va pleuvoir ; a
Tout tressaille, averti de la prochaine ondée ; b
Et toi qui ne lis plus, sur ton livre accoudée,   b
Plains-tu l'absent aimé qui ne pourra te voir ? a
                                        Desbordes- Valmore

rimes croisées ou alternées :

Souvent, pour s'amuser, des hommes d'équipage a
Prennent des albatros, vastes oiseaux des mers, b

Qui suivent, indolents compagnons de voyage, a
Le navire glissant sur les gouffres amers.   b Baudelaire

<u>rimes intérieures</u>

D'une manière générale, il y a rime intérieure lorsqu'il y a
répétition de mêmes sons à l'intérieur d'un vers, comme dans
le cas d'allitération ou de consonance.

Plus spécifiquement, la rime intérieure peut être de deux
types :
1. lorsqu'il y a une répétition du même son à la fin à la fin de
chaque hémistiche du même vers :

Ex : [...] Maintenant qu'attendri par ces divins spectacles,
       Plaines, forêts, roch**ers**, vallons, fleuve argent**é**,
       Voyant ma petitesse et voyant vos miracles,
       Je reprends ma raison devant l'immensité; […]   Hugo

2. lorsqu'il y a une répétition du même son à la fin du
premier hémistiche de deux vers de suite :

 Ex : ...Qui suivent indol**ent** compagnons de voyage
        Le navire gliss**ant** sur les gouffres amers.   Baudelaire

CITATIONS

Nous ne pourrons jamais secouer le joug de la rime;
elle est essentielle à la poésie française.   Voltaire

La rime est tout le vers   Banville

Ô qui dira les torts de la Rime ?
Quel enfant s**ou**rd ou quel nègre f**ou**
Nous a forgé ce bijou d'un **sou**
Qui **s**onne creux et faux **s**ous la lime ?   Verlaine

La scansion

Scander un vers de poésie, c'est le diviser en ses différents mètres, c'est le mesurer par le nombre de syllabes dont il se compose.

Les	nu	a	ges	cou	raient	sur	la	lu	ne̶ en	fla	mmée
1	2	3	4	5	6	7	8	9	10	11	12

Le vers ci-dessus est un **alexandrin** (= 12 pieds). On marque la **césure** avec un double trait.

PROBLEMES SPECIFIQUES AU « E » MUET
(Les lettres de liaison sont soulignées ; le « e » muet non compté est barré)

1 A la fin du vers, le « e » muet n'est *pas compté* **:**

De / main , / dès / l'au / <u>be</u> <u>à</u> / l'heu // <u>re</u> <u>où</u> / blan / chit / la / cam / pagn**e**

2 Dans le vers, le « e » muet n'est *pas compté* **devant un mot débutant par une voyelle :**

De / main, / dès / l'au / <u>be</u> <u>à</u> / l'heu // <u>re</u> <u>où</u> / blan / chit / la / cam / pagne

3 Un « e » muet à la césure est toujours devant une voyelle : il n'est donc *pas compté* **:**

Sur / le / haut / d'u /n**e** ar / moi // <u>re</u>, <u>un</u> / li / v<u>re</u> <u>i</u> / na / cces / sible

4 Le « e » muet pluriel devant une voyelle doit être *compté*. **Faire la liaison avec « s » :**

les / mou / ch<u>es</u> / <u>a</u>ux / ai / les / de / crêp~~es~~

5 Dans le vers, le « e » muet est *compté* **devant un mot débutant par une consonne :**

Nous / man / gions / no / tr**e** / pain // d**e** / si / bon / a / ppé / tit

Scander les vers suivants :

Je marcherai les yeux fixés sur mes pensées,

Sans rien voir au dehors, sans entendre aucun bruit,

Seul, inconnu, le dos courbé, les mains croisées,

Triste, et le jour pour moi sera comme la nuit.

Les figures de style

Accumulation
Énumération des différentes composantes d'un tout
produisant un effet de désordre ou d'excès
Nous étions entourés de fougères arborescentes, de fleurs
velues, de parfums charnus, d'humus glauque   Cendrars

Allégorie
Représentation d'une idée, d'une abstraction
France, mère des arts, des armes et des lois
Tu m'as nourri longtemps du lait de ta mamelle   Du Bellay

Allitération
Répétition d'une consonne ou d'un groupe de consonnes,
dans le même vers, produisant un effet d'harmonie imitative
ou suggestive
Envole-toi bien loin de ces miasmes morbides   Baudelaire
Ce murmure d'amour élevé sur ses pas   Arvers
La girouette en deuil criait au firmament   Vigny
Pour qui sont ces serpents qui sifflent sur vos têtes Racine

Anacoluthe
Rupture de construction syntaxique
Le nez de Cléopâtre, s'il eût été plus court, la face du
monde
aurait changé.   Pascal

Anaphore
Répétition d'un mot ou d'un groupe de mots en tête de vers
Je n'écris point d'amour, n'étant point amoureux,
Je n'écris de beauté, n'ayant belle maîtresse,
Je n'écris de douceur, n'éprouvant que rudesse,
Je n'écris de plaisir, me trouvant douloureux.   Du Bellay

Antithèse

Opposition de deux mots ou de deux idées que l'on rapproche pour mieux les contraster

Je vis, je meurs   Louise Labé

Car le jeune homme est beau, mais le vieillard est grand

                                                                                    Hugo

Chiasme

Croisement de termes ; inversion de deux groupes de mots parallèles

Jeune homme, on te maudit, on t'adore vieillard   Hugo

S'il se vante je l'abaisse, s'il s'abaisse, je le vantePascal

Comparaison

Rapprochement de deux (groupes de) mots pour en mieux voir les ressemblances (ou différences)

Quand le ciel bas et lourd pèse comme un couvercle

                                                                          Baudelaire

Le poète est semblable au prince des nuées   Baudelaire

Et je m'en vais
Au vent mauvais
Qui m'emporte
Deçà, delà, pareil à la
Feuille morte   Verlaine

Ellipse

Suppression de certains éléments de la phrase afin de lui donner plus de vigueur

Je t'aimais inconstant ; qu'aurais-je fait fidèle ?   Racine

Euphémisme

Expression atténuée d'une notion dont l'expression directe aurait qqch de déplaisant, de choquant

Elle a vécu, Myrto, la jeune Tarentine   Chénier

Gradation

EÉnumération de mots ou de groupes de mots destinée à créer une montée d'intensité

…va, cours, vole et nous venge   Corneille

L'ombre croît, le jour meurt, tout s'efface et tout fuit
                                                                    Lamartine

Hypallage

Attribution à un mot de ce qui devrait logiquement être attribué à un autre mot de la même phrase

Je suis d'un pas rêveur le sentier solitaire   Lamartine

            … routiers et capitaine

Partaient, ivres d'un rêve héroïque et brutal   Hérédia

Hyperbole

Accentuation d'une idée par rapport à sa réalité

Tu vois en Dom Juan, mon maître, le plus grand scélérat que la terre ait jamais porté, un enragé, un chien, un diable…   Molière

Litote

Atténuation d'une idée, d'une expression qui, par là même, suggère davantage

Va, je ne te hais point.   Corneille

Métaphore

Comparaison sans outil de comparaison, la métaphore établit une assimilation entre deux termes

Les fleurs du mal   Baudelaire

L'homme est un roseau   Pascal

Ma jeunesse ne fut qu'un ténébreux orage   Baudelaire

Oxymore

Réunion de deux termes de sens contraire

Cette obscure clarté qui tombe des étoiles   Corneille

Le soleil noir de la mélancolie   Nerval

Métonymie

Métaphore qui remplace un mot par un autre, ces deux mots entretenant une relation évidente qui peut être celle de l'objet et sa matière, du produit et son origine, du contenu et du contenant, d'un lieu et de l'activité qui s'y passe

Mon bras qu'avec respect tout l'Espagne admire,
Mon bras, qui tant de fois a sauvé cet empire… Corneille

Périphrase

Expression d'une notion par un groupe de mots décrivant et précisant son sens sans la nommer

Le vaste Oiseau (= le Condor   Leconte de Lisle
Demain, dès l'aube, à l'heure où blanchit la campagne
                                                                Hugo

Personnification

Représentation d'un objet, d'une chose, d'un animal sous les traits humains

Les nuages couraient sur la lune enflammée   Vigny
Ô temps, suspends ton vol !   Lamartine

Prétérition

Déclaration de ne pas vouloir parler de quelque chose, tout en en parlant par ce biais

Je ne vous ferai point le tableau, Messieurs, de ses allures bizarres, incompréhensibles pour tous   Maupassant

Synecdoque

Métaphore qui désigne un objet par une de ses parties ou une partie par le tout

Ni les voiles au loin descendant vers Harfleur Hugo

L'analyse de poème

Les éléments de l'analyse

L'explication d'un poème doit inclure les aspects suivants :

I. Lecture : 3 aspects importants de la lecture poétique :

1. **L'enjambement**
   écrire une flèche à la fin d'un vers pour marquer un enjambement.
   Ne jamais faire de pause à la fin d'un tel vers pendant la lecture poétique.

2. La **liaison**
   relier par un trait les deux mots qui forment une liaison vocale Attention au problème du e muet (voir plus bas)

3. le **rejet**
   marquer une barre oblique après un rejet, vers le début du vers
   Il convient de faire une longue pause vocale pendant la lecture après un rejet.

   Rappel des trois règles concernant le rôle du e muet dans la rythmique du poème :

   - **le e muet final d'un mot** dans le vers ne se prononce jamais devant une voyelle

   - **e e muet final d'un mot** dans le vers se prononce toujours devant une consonne

   - **le e muet final d'un vers** ne se compte jamais

II. Structure: 3 règles pour décrire la structure du poème :

1. **la dimension verticale**
   déterminer si le poème est à forme fixe (sonnet,..) ou non

2. **la dimension horizontale**
   trouver le rythme des vers (nombre de pieds)

3. **la rime des vers**
   étudier les 3 aspects : disposition, qualité, genre

III. Rime : trois points à analyser concernant la rime :

1. la **disposition** des rimes
   3 types : rimes simples (aabb), alternées (abab), embrassées (abab)
2. la **qualité** des rimes
   3 types : pauvres (1 son commun), normale (2 sons), riche (3+)
3. le **genre** des rimes
   2 types : rimes féminines (finissant avec un e muet) ou masculines

IV. Contenu : trois aspects majeurs :

1. les **thèmes**
   marquer de couleurs différentes les endroits où se retrouve chaque thème
2. les **idées**
   retracer chaque idée dans sa linéarité ou dans sa diffusion à travers le poème
3. le **message**
   s'il y en a un, il faut prendre du recul par rapport au texte pour le trouver

Il est parfois difficile de trouver des idées, voire des thèmes, dans un poème. Pour cela, lire la page suivante : « la recherche des thèmes et des idées ».

V. Style : trois aspects importants :

1. **figures stylistiques**
   métaphore, comparaison, périphrase, personnification,…
2. **vocabulaire**
   fréquence des mots par catégorie grammaticale, niveau de langue, …
3. **ton du texte**
   trouver le(s) ton(s) en imaginant le ton de la voix lisant le passage

La recherche des thèmes et des idées

Si le premier contact avec un texte se révèle difficile, il faut entrer dans le texte au moyen d'approches simples de recherche de thèmes et d'idées. Pour cela, il faut commencer par examiner l'unité de sens la plus petite: le **mot**.

On peut dénombrer 3 approches principales de recherche :
1. **l'approche lexicale qui** s'intéresse à la **fonction sémantique** des mots
2. **l'approche grammaticale qui** s'intéresse à la **fonction grammaticale** des mots
3. **l'approche réflexive qui** recherche les thèmes par **l'observation de l'ensemble du texte**

Avec les 2 premières méthodes, on peut classer les mots par affinité pour trouver les **thèmes du texte.** Avec ces thèmes, on peut construire **un plan** d'explication du poème.

I Approche lexicale

REPETITION DE MOTS	CHAMPS LEXICAUX	CONNOTATION DE MOTS	ANTONYMES SYNONYMES

II Approche grammaticale

NOMS SUJETS	NOMS OBJETS	VERBES ACTIFS-PASSIFS	ADJECTIFS ADVERBES

III Approche réflexive

Avec l'approche réflexive, il faut commencer par mettre en évidence :
1. les **thèmes** du texte en répondant à la question : de quoi parle le texte ?
2. les **événements** majeurs de l'intrigue par la question : qu'est-ce qui se passe dans le texte ?
3. les **points** essentiels ou importants du texte par la question : que retenir de ce qui se passe ?

Un poème peut ne pas avoir d'intrigue, voire très peu d'action. Il peut être descriptif, sentimental ou symbolique. Il faut alors chercher les points ou aspects essentiels dans la description, les états d'âme ou la dimension symbolique du poème.

Qu'est-ce qu'un point essentiel ou important ?
Un point essentiel donne un cadre spatio-temporel à la narration, l'influence, éclaire sur une thématique ou un personnage. Il a une valeur, un intérêt, un rôle considérable dans l'intrigue.

Comment déterminer les points essentiels ?
Il faut les sélectionner selon les critères suivants :

- Nouveauté dans l'intrigue, la description ou les sentiments
- Pertinence à l'intrigue principale ou à l'évolution générale du poème
- Influence sur le cours de l'intrigue ou sur l'évolution des sentiments

Le sonnet d'Arvers

Mon âme a son secret, ma vie a son mystère;
Un amour éternel en un moment conçu:
Le mal est sans espoir, aussi j'ai dû le taire,
Et celle qui l'a fait n'en a jamais rien su.

5 Hélas! j'aurai passé près d'elle inaperçu,
Toujours à ses côtés, et pourtant solitaire
Et j'aurai jusqu'au bout fait mon temps sur la terre,
N'osant rien demander et n'ayant rien reçu.

Pour elle, quoique Dieu l'ait faite douce et tendre,
10 Elle ira son chemin, distraite et sans entendre
Ce murmure d'amour élevé sur ses pas;

A l'austère devoir, pieusement fidèle,
Elle dira, lisant ces vers tout remplis d'elle:
«Quelle est donc cette femme?» et ne comprendra pas.

Arvers

Aspects techniques :

1. Trouver les inversions en les défaisant vers 2, 7, 12
2. Trouver les procédés   vers 2
3. Trouver le figures de style   vers 7, 11
4. Trouver les marques du regret   vers 3, 5
5. Trouver le mot marquant une concession vers 9
6. Trouver le mot marquant une restriction   vers 6
7. Quelles sont les deux parties du poème ?
8. Quelle est la preuve que le locuteur est un homme ?
9. Pourquoi le locuteur reste-t-il «inaperçu»? vers 3 et 5
10. Quel type d'amour est ici décrit ? (2 aspects) vers 2, 3
11. Quelle est la qualité de cet amour? vers 2, 3, 8, 11
12. Quel est le rôle de la religion ?   vers 9, 12
13. le vocabulaire du non-dit   vers 1, 3, 4, 8, 10 11
14. Quelle est la personnalité de la femme ? vers 9, 10, 12, 14

Le dormeur du val

C'est un trou de verdure où chante une rivière
Accrochant follement aux herbes des haillons
D'argent; où le soleil, de la montagne fière,
4   Luit: c'est un petit val qui mousse de rayons.

Un soldat jeune, bouche ouverte, tête nue,
Et la nuque baignant dans le frais cresson bleu,
Dort; il est étendu dans l'herbe, sous la nue,
8   Pâle dans son lit vert où la lumière pleut.

Les pieds dans les glaïeuls, il dort. Souriant comme
Sourirait un enfant malade, il fait un somme:
11   Nature, berce-le chaudement : il a froid.

Les parfums ne font pas frissonner sa narine;
Il dort dans le soleil, la main sur sa poitrine,
14   Tranquille. Il a deux trous rouges au côté droit.

Rimbaud

Dans le poème ci-dessus, **trouver** :

1. les inversions en les défaisant
2. les 2 procédés du vers 1
3. le procédé du vers 4, du vers 8, du vers 11
4. les parties du poème
5. le rôle des couleurs
6. les marques du repos

Dans le poème ci-dessus, **définir** :

1. l'impression générale de la première strophe
2. l'impression provoquée par le vers 6
3. le premier signe prémonitoire de la fin du poème
4. le vers où bascule le poème
5. le rôle de la nature
6. les contrastes sur lesquels joue le poète

L'explication orale de poème

Plan général pour explication orale

On fait un exposé oral à partir d'un plan et non d'un texte. Ceci évite de lire, ce qui deviendrait très vite fastidieux.

Avec un plan, il faut créer ses propres phrases à mesure que l'on parle, ce qui provoque une dramatisation de la présentation propre à captiver l'audience.

D'autre part, l'exercice de l'oral oblige le conférencier à être complètement actif en ce sens qu'il doit jouer avec virtuosité de la langue : en effet, arriver à une production orale sans erreur de langue exige une pratique éprouvée et de nombreuses qualités que l'on peut avec bonheur mettre en évidence lors de cet exercice.

Le schéma de plan ci-dessous est un modèle pratique (entre autres) qui permet d'avoir une structure de présentation à la fois souple et satisfaisante.

Schéma de plan thématique

I. Introduction
   A. Annoncer le <u>thème majeur</u> du poème à étudier
   B. Annoncer <u>l'idée principale</u> du poème qui sera développée
   C. Annoncer la <u>thématique</u> suivie dans l'explication

II. Développement
   A. Thème 1 : idée(s) avec exemple(s). Mini-conclusion
   B. Thème 2 : idée(s) avec exemple(s). Mini-conclusion
   C. Thème 3 : idée(s) avec exemple(s). Mini-conclusion
   D. Thème 4 : idée(s) avec exemple(s). Mini-conclusion

III. Conclusion A
   A. <u>Synthèse</u> : mettre en évidence la conséquence des thèmes étudiés.
   B. <u>Élargissement</u>

Sully Prudhomme
(1839-1907)
Le cygne

Sans bruit, sous le miroir des lacs profonds et calmes,
Le cygne chasse l'onde avec ses larges palmes,
Et glisse. Le duvet de ses flancs est pareil
A des neiges d'avril qui croulent au soleil ;
5 Mais, ferme et d'un blanc mat, vibrant sous le zéphire,
Sa grande aile l'entraîne ainsi qu'un blanc navire.
Il dresse son beau col au-dessus des roseaux,
Le plonge, le promène allongé sur les eaux,
Le courbe gracieux comme un profil d'acanthe,
10 Et cache son bec noir dans sa gorge éclatante.
Tantôt le long des pins, séjour d'ombre et de paix,
Il serpente, et, laissant les herbages épais
Traîner derrière lui comme une chevelure,
Il va d'une tardive et languissante allure.
15 La grotte où le poète écoute ce qu'il sent,
Et la source qui pleure un éternel absent,
Lui plaisent ; il y rôde ; une feuille de saule
En silence tombée effleure son épaule.
Tantôt il pousse au large, et, loin du bois obscur,
20 Superbe, gouvernant du côté de l'azur,
Il choisit, pour fêter sa blancheur qu'il admire,
La place éblouissante où le soleil se m
Puis, quand les bords de l'eau ne se distinguent plus,
A l'heure où toute forme est un spectre confus,
25 Où l'horizon brunit rayé d'un long trait rouge,
Alors que pas un jonc, pas un glaïeul ne bouge,
Que les rainettes font dans l'air serein leur bruit,
Et que la luciole au clair de lune luit,
L'oiseau, dans le lac sombre où sous lui se reflète
30 La splendeur d'une nuit lactée et violette,
Comme un vase d'argent parmi des diamants,
Dort, la tête sous l'aile, entre deux firmaments.

Plan pour explication orale

2 types de plan : *Le Cygne* de Sully Prudhomme

Le développement d'une explication de texte orale comme écrite peut se présenter de deux manières différentes :
I.   soit on étudie le texte en le coupant en parties.
II. soit on étudie les thèmes du texte dans un ordre logique.

I PLAN PAR PARTIES ou LINÉAIRE

4 **parties** sont clairement visibles à travers les mots séquentiels suivants du poème : tantôt v. 11, 19 / puis v. 23
1. vers 01-10   le cygne description visuelle / mouvement
2. vers 11-19   près de la rive ombre, fraîcheur /méditation
3. vers 20-22   au large règne de la lumière
4. vers 23-32   la nuit   nature statique / beauté sérénité

Conclusion   interprétation possible grâce aux vers 15-16

II PLAN PAR THEMES ou THÉMATIQUE

4 **thèmes** se dégagent du poème :

1. la Beauté : couleurs : azur-20, brun et rouge-25
                         soleil-4, roseaux-7, acanthe-9, …

                Contrastes : blanc / sombre :
                - le **blanc** un peu partout (surtout l'oiseau)
                - le **sombre** (bec-10, berge-11, grotte-15)
                  nuit / lumière :
                - la **nuit** v. 23-25 et
                - la **lumière** : luciole, lune, nuit lactée, vase
                  d'argent, diamants
2. le Calme : contraste du silence et de quelques bruits
                    - force du silence dans tout le poème
                       troublée par le bruit doux des rainettes-27
3. la Majesté : métaphore filée du navire v. 6 / 19 / 20
4. l'Infini :   métaphore filée des 2 derniers vers

Conclusion   interprétation possible grâce aux vers 15-16

41

Victor Hugo
(1802-1885)

Demain, dès l'aube…[1]

Demain, dès l'aube, à l'heure où blanchit la campagne,
Je partirai. Vois-tu, je sais que tu m'attends.
J'irai par la forêt, j'irai par la montagne.
Je ne puis demeurer loin de toi plus longtemps.

5   Je marcherai les yeux fixés sur mes pensées,
Sans rien voir au dehors, sans entendre aucun bruit,
Seul, inconnu, le dos courbé, les mains croisées,
Triste, et le jour pour moi sera comme la nuit.

Je ne regarderai ni l'or du soir qui tombe,
10 Ni les voiles au loin descendant vers Harfleur, [2]
Et quand j'arriverai, je mettrai sur ta tombe
Un bouquet de houx vert et de bruyère en fleur.

Les Contemplations

1. Type de poésie lyrique, fortement élégiaque
2. Port normand près de l'embouche de la Seine

Plan pour explication orale

Demain, dès l'aube…

I Introduction
    A "Demain, dès l'aube…" / Victor Hugo
    B *Les Contemplations*, recueil élégiaque
    C thèmes : nature / tristesse / mort

II A Nature
    1. longueur du voyage   - "Dès l'aube" v. 1 – "soir" v. 9
    2. beauté de la nature
        a. cadre : forêt/montagne v.3
                - rivière / Harfleur v. 10
        b. métaphores magnifiques :
                - « or du soir » v. 9 = soleil
                - « les voiles » v.10 bateaux

début du poème : note joyeuse : rendez-vous galant ? v. 2,4

B Tristesse
        1. monde intérieur   - indifférence à la nature
                         - insensibilité v.8: jour / nuit

      2.état d'esprit du voyageur
        a. tristesse obsédante v. 5 et exclusive v. 6
        b. - atmosphère de l'automne : bruyère
         - bruyère en fleur v. 11 = déclin, mort

canon romantique : correspondance tristesse/automne

C Mort
        1. fin surprise   tombe de sa fille (v. 11)
        2. nouvel éclairage vision rétrospective

oppression v.7 **indifférence** v. 6, 8 -10 **souffrance d'un père**

III Conclusion
A Symbolisme du bouquet v. 12 :
        a. houx : toujours vert : espoir
        b. bruyère : fleurit à l'automne, saison de la mort

B Note d'espérance : espoir en vie éternelle : revoir sa fille

Arvers
(1806-1850)

Le sonnet d'Arvers [1]

Mon cœur a son secret, ma vie a son mystère;
Un amour éternel en un moment conçu:
Le mal est sans espoir, aussi j'ai dû le taire,
Et celle qui l'a fait n'en a jamais rien su.

5   Hélas! J'aurai passé près d'elle inaperçu,
Toujours à ses côtés, et pourtant solitaire
Et j'aurai jusqu'au bout fait mon temps sur la terre,
N'osant rien demander et n'ayant rien reçu.

Pour elle, quoique Dieu l'ait faite douce et tendre,
10 Elle ira son chemin, distraite et sans entendre
Ce murmure d'amour élevé sur ses pas;

A l'austère devoir, pieusement fidèle,
Elle dira, lisant ces vers tout remplis d'elle
Quelle est donc cette femme?» et ne comprendra pas.

1. Type de poésie lyrique légèrement élégiaque

Plan pour explication orale de poème

Le sonnet d'Arvers

Introduction

A   sonnet écrit par Arvers au XIXe siècle

           poésie lyrique, sincère, légèrement élégiaque

B   amour impossible

C   thèmes : - l'amour du poète   - la femme

                      - la morale   - le mystère

Développement

A **l'amour du poète** : le coup de foudre : v.2
- l'amoureux transi : v. 3 et triste : "hélas" v. 5,8
- amour éternel du poète : enjambement v. 10
- amour discret : onomatopée /en m) v. 11
- amour résigné : euphémisme et inversion v. 7

amour passionné, non-partagé : impossible v.6, 8

B **caractéristiques de la femme** :
- anonymat préservé
- douceur/tendresse v.9
- fidélité : v. 12
- rigueur morale : inversion v.12

femme fidèle, pure, candide (v.14) mais aveugle

C la **morale** :
- devoir moral aveugle la femme
- allusion à la religion: rapport entre v.9 et 12
- allusion à un lien pesant mais infrangible :v.12
- mystère

force morale triomphe de l'amour

D **le mystère du poème**
- Anonymat de la femme aiguise la curiosité
- quel type de devoir moral : mariage / religion
- ambiguïté de la présence constante « à ses côtés » v. 6 et du fait que la femme ne se reconnaît pas dans les vers qu'elle lit

ces non-dits font la valeur de ce poème

Conclusion

Mystère du début du poème fait aussi son charme

45

L'explication écrite de poème

Victor Hugo
(1802-1885)

Demain, dès l'aube…[1]

Demain, dès l'aube, à l'heure où blanchit la campagne,
Je partirai. Vois-tu, je sais que tu m'attends.
J'irai par la forêt, j'irai par la montagne.
Je ne puis demeurer loin de toi plus longtemps.

5   Je marcherai les yeux fixés sur mes pensées,
Sans rien voir au dehors, sans entendre aucun bruit,
Seul, inconnu, le dos courbé, les mains croisées,
Triste, et le jour pour moi sera comme la nuit.

Je ne regarderai ni l'or du soir qui tombe,
10 Ni les voiles au loin descendant vers Harfleur, [2]
Et quand j'arriverai, je mettrai sur ta tombe
Un bouquet de houx vert et de bruyère en fleur.

Les Contemplations

1. Type de poésie lyrique, fortement élégiaque
2. Port normand près de l'embouche de la Seine

Explication écrite : *Demain, dès l'aube ...*

Victor Hugo

Le poème « Demain, dès l'aube… » est extrait des *Contemplations*, le grand recueil lyrique de Victor Hugo dont le thème central est la tristesse de l'auteur affecté par la mort de sa ille Léopoldine noyée dans la Seine. Le poème « Demain, dès l'aube… » décrit un voyage qu'entreprend le narrateur qui n'est en réalité autre que Victor Hugo. Ce poème qui baigne dans une atmosphère élégiaque se déroule au milieu d'un décor **naturel** et magnifique que le **triste** voyageur traverse, absorbé par son monde intérieur et sa douleur devant la **mort**.

****

Le voyageur part le matin, « dès l'aube » (vers 1), pour une marche qui va durer jusqu'au soir (vers 9). La longueur du voyage est mise en évidence par le fait que sa description se déroule du vers 1 au vers 11. La **nature** que V. Hugo traverse est magnifique, notamment le spectacle du soleil couchant et des bateaux descendant la Seine (vers 10), rehaussé par une magnifique métaphore décrivant le soleil : « l'or du soir » (vers 9) et une autre se référant aux bateaux : « les voiles » (vers 10) voguant sur le fleuve. Cependant, le promeneur ne prête pas attention à ce qui l'entoure : il est coupé de la réalité physique (vers 6) et reste indifférent à cette beauté car il est tourné vers ses pensées qui l'accaparent entièrement (vers 5).

Non seulement le voyageur ne remarque pas la beauté de la nature mais encore il est insensible à tout ce qui l'entoure, ne faisant aucune différence entre le jour et la nuit (vers 8). L'indifférence du voyageur pour la nature qu'il traverse accentue la profondeur de la **tristesse** et de la douleur qu'il ressent. Et pourtant, bien qu'il ne réagisse pas à la beauté du paysage, sa souffrance apparaît en harmonie avec la nature qui l'entoure, selon le canon romantique qui fait en général correspondre aux sentiments intérieurs une description de la nature qui l'explique : en effet, le fait d'avoir cueilli un bouquet de bruyère en fleur (vers 12) indique que la saison est l'automne (époque où fleurit la bruyère), saison du déclin, de l'approche de l'hiver, de l'annonce de la mort, autant de détails qui correspondent aux tristes pensées du voyageur.

Si la première strophe pouvait faire penser que le voyageur se rendait à un rendez-vous amoureux ou à une rencontre joyeuse, cette illusion disparaît complètement lorsque l'on découvre, avec le mot « tombe » (vers 11), l'irruption de la **mort** : Hugo se rend en fait dans un cimetière pour s'incliner sur la tombe d'un être cher (vers 11), ce qui confère au poème une dimension élégiaque très forte. La fin du poème constitue donc une énorme surprise. Une fois cette prise de conscience accomplie, la signification du poème acquiert une autre dimension : plusieurs détails troublants à la première lecture prennent un sens nouveau et plus cohérent, notamment le fait que V. Hugo est « triste » et qu'il va « le dos courbé » par le chagrin qui l'écrase (vers 8) et aussi l'indifférence qu'il manifeste pour la beauté du spectacle qui s'étend devant lui (vers 9-10).

****

Cependant, l'irruption de la mort à la fin du poème est transcendée dans le dernier vers : le bouquet que Victor Hugo dépose sur la tombe de sa fille noyée accidentellement représente un dépassement de la mort. Le symbolisme attaché d'une part au houx, plante vivace et toujours verte, donc symbole d'**espoir** et d'autre part à la bruyère, une plante qui fleurit à l'automne, saison synonyme de déclin et annonciatrice de la mort, ce symbolisme termine le poème par une note d'espérance qui transforme le ton élégiaque du poème en laissant espérer une suite à la mort, ce qu'indique très clairement le mot « fleur » (vers 12) qui termine le poème.

Ce poème est étudié selon **l'approche thématique**: Les thèmes sont présentés par ordre d'importance croissante et analysés tout à tour : la nature, la tristesse, la mort et l'espoir (ils sont annoncés et marqués en gras).
Le dernier thème, qui n'est pas annoncé dans l'introduction, est présenté dans la conclusion, car il apparaît comme une conséquence, une continuation du poème et permet de bien clore l'explication.
Ce procédé surprise reprend ainsi la technique de Victor Hugo appliquée dans ce poème.

Leconte de Lisle
(1818-1894)

Le Sommeil du condor

Par-delà l'escalier des roides Cordillères,
Par-delà les brouillards hantés des aigles noirs,
Plus haut que les sommets creusés en entonnoirs
Où bout le flux sanglant des laves familières,
5   L'envergure pendante et rouge par endroits,
Le vaste Oiseau, tout plein d'une morne indolence,
Regarde l'Amérique et l'espace en silence,
Et le sombre soleil qui meurt dans ses yeux froids.
La nuit roule de l'est, où les pampas sauvages
10   Sous les monts étagés s'élargissent sans fin ;
Elle endort le Chili, les villes, les rivages,
Et la mer Pacifique, et l'horizon divin ;
Du continent muet elle s'est emparée :
Des sables aux coteaux, des gorges aux versants,
15   De cime en cime, elle enfle, en tourbillons croissants,
Le lourd débordement de sa haute marée.
Lui, comme un spectre, seul, au front du pic altier,
Baigné d'une lueur qui saigne sur la neige,
Il attend cette mer sinistre qui l'assiège :
20   Elle arrive, déferle, et le couvre en entier
Dans l'abîme sans fond la Croix australe allume
Sur les côtes du ciel son phare constellé.
Il râle de plaisir, il agite sa plume,
Il érige son cou musculeux et pelé,
25   Il s'enlève en fouettant l'âpre neige des Andes,
Dans un cri rauque il monte où n'atteint pas le vent,
Et, loin du globe noir, loin de l'astre vivant,
Il dort dans l'air glacé, les ailes toutes grandes.

Poèmes barbares

Explication écrite : *Le Sommeil du Condor*
Leconte de Lisle

Le Sommeil du Condor est extrait du recueil *Poèmes barbares* de Leconte de Lisle. Le poète y décrit dans une poésie totalement impassible la majesté de cet oiseau mythique. Du haut des Andes, dans son **aire** inaccessible, le Condor règne sur le continent sud-américain et domine même la **nuit**, cette « marée » (v.16) déferlante qui submerge tout mais à laquelle il tente d'**échapper** dans un envol suprême vers les hauteurs infinies.

L'**aire** du Condor est un endroit difficile d'accès, au sommet de l' « escalier » (v. 1) que forment les Andes escarpées, image métaphorique rehaussée par les monts « étagés » (v. 10) qui en font un lieu quasiment inaccessible et dont la difficulté d'accès est accentuée par la double anaphore du début du poème : « par-delà ». De plus, cet endroit apparaît dangereux et menaçant par la présence de volcans en activité et leur lave « sanglante » (v. 4). C'est sur cet environnement fantasmagorique que règne le « vaste Oiseau » (v. 6) « aux yeux froids » (v. 8), silencieux et indolent (v. 6 et 7).

Du point d'observation qui est le sien, le Condor voit de très loin arriver, de l'est, comme une véritable « marée » (v. 16), la **nuit** qui « roule » (v. 9) et grandit à mesure qu'elle avance, qui « enfle » (v. 15) et plonge le continent entier dans une sorte de sommeil léthargique (v. 11). Cette métaphore filée marine présente la progression de la nuit comme un véritable raz de marée, qui « déferle » (p. 20) et engloutit tout sur son chemin et qui n'a comme limites que les « côtes » (v. 22) du ciel gardées par le « phare » (v. 22) que constitue la Croix du Sud.

53

Le Condor, seul, altier et impassible, « attend » (v. 19) l'arrivée de cette « mer sinistre » (v. 19) qu'il observe parmi les lueurs rougeâtres du coucher de soleil. Il projette une image de force tranquille au milieu d'un décor effrayant constitué par les reflets rouge sang (v. 18) du soleil sur la neige et les rougeoiements des laves volcaniques (v. 4). Et lorsque, dans le ciel, apparaissent les étoiles qui accompagnent la nuit, il s'active soudain, et à travers une triple anaphore (v. 23, 24 et 25) complétée par une succession d'actions soudaines et rapides, il prend vie et montre une véritable frénésie lorsqu'il prend son **envol**, s'enlevant à la pesanteur et s'éloignant à tire d'ailes loin du « globe noir » (v. 27) dans les profondeurs de « l'abîme sans fond » (v. 21) pour rester seul au-dessus du lot commun.

Cette poésie propose de magnifiques descriptions d'une nature sauvage et dangereuse. A la fin du poème, le sommeil du Condor est le seul aspect de ce texte qui peut prêter quelque peu à interprétation : à travers l'attitude hautaine et fière du Condor (v. 17), on peut imaginer aussi celle du poète, de sa solitude parmi les hommes, ainsi que de son aspiration à l'idéal et à la liberté absolue qui est celle que trouve le « vaste Oiseau » dans les espaces infinis du ciel.

Ce poème est étudié selon **l'approche thématique** (qui correspond ici à la **chronologie du poème**) : Les thèmes, annoncés en fin d'introduction et marqués en gras sont ensuite étudiés dans l'ordre d'apparition à raison d'un thème par paragraphe : paragraphe 2 : l'**aire** inaccessible du Condor, paragraphe 3 : l'arrivée de la **nuit** et paragraphe 4 : l'**envol** du vaste oiseau pour échapper aux ténèbres.

Verlaine
(1844-1896)

Il pleure dans mon cœur…

Il pleure dans mon coeur
Comme il pleut sur la ville.
Quelle est cette langueur
4   Qui pénètre mon coeur?

O bruit doux de la pluie
Par terre et sur les toits!
Pour un coeur qui s'ennuie,
8   O le chant de la pluie!

Il pleure sans raison
Dans ce coeur qui s'écoeure.
Quoi! Nulle trahison?
12   Ce deuil est sans raison.

C'est bien la pire peine
De ne savoir pourquoi
Sans amour et sans haine
16   Mon coeur a tant de peine.

Romances sans paroles

Exp1ication écrite : *Il pleure dans mon coeur ....*
Verlaine

Dans son oeuvre poétique, Verlaine a associé, à maintes reprises, ses états d'âme et sa perception de la nature. Le poème: "Il pleure dans mon cœur...", est un magnifique exemple de poésie lyrique où l'accord entre les sentiments humains et la nature est parfait. Ce poème montre une tristesse extrême en même temps qu'il décrit un paysage sous la pluie. De la fusion parfaite entre ces deux éléments se dégagent la valeur et 1'intérêt du poème.

Dès la première strophe, le poète confie ses états d'âme. la répétition du mot "coeur" (repris comme en écho dans toutes les strophes) ajoute à l'interrogation inquiète des vers 3 et 4 et met l'accent sur la tristesse qui envahit le poète. Cette tristesse est profondément liée à la notion de l'ennui (au vers 7). En fait, le poète ignore la raison profonde de sa mélancolie: (vers 13-14). Il semble que cette tristesse soit un mal profond (vers 16) mais sans rapport avec un chagrin d'amour ou une haine envers autrui. Seul, confronté à ce sentiment, le poète se trouve dans une situation douloureuse évoquée par le mot "deuil" (vers 12).

La présentation du sentiment de tristesse va de pair avec l'exposition d'un paysage dont on ne voit que quelques bribes ici et là : "la ville" (au vers 2), "la terre" et "les toits" (au vers 6). Mais ce qui unifie tout cela est le fait qu'il pleut sur la ville (vers 2). L'idée de pluie est reprise aux vers 2, 5, 6, et 8 de la deuxième strophe. Une évolution se dessine à travers cela : d'abord présentée comme un simple terme de comparaison avec la tristesse du coeur (v. 2), la pluie est ensuite vue comme un élément qui "correspond" (dans le sens des Correspondances de Baudelaire) à la tristesse du coeur (v. 7 et 8).

Ces deux thèmes importants de la pluie et de la tristesse sont finalement sublimés par Verlaine qui finit par les fondre complètement (v. 9 et 10). Cette fusion est également présente au niveau musical par la concordance de sons come par exemple entre : il pleure/il pleut; langueur/ cœur ; pluie/s'ennuie... L'émotion de Verlaine s'exprime entièrement dans la double exclamation de la strophe 2. Enfin, la nausée dérivée de sa tristesse est mise en évidence par la rime interne du vers 10: "ce coeur qui s'écoeure ».

En présentant l'harmonie qui existe entre ses sentiments et la nature, Verlaine reprend un thème cher aux poètes romantiques. Dans ce poème, on perçoit cependant la marque spécifique de Verlaine par la qualité musicale qui fait ressortir toute la mélancolie du poète. Ce sentiment sans raison, auquel il ne peut attribuer aucune cause précise, ne serait-ce peut-être pas un résidu du "mal du siècle" des romantiques, ou du "spleen" de Baudelaire ? Et d'autre part, ne voit-on pas dans cet écoeurement sans cause claire un avant-goût de la notion de l'absurde qui sera une caractéristique majeure du surréalisme naissant ?

Ce poème est-il étudié chronologiquement ou thématiquement ?
Quels sont les différents thèmes traités dans cette explication ?
Quelle progression est suivie dans la présentation des thèmes?
Par quel procédé technique la conclusion finit-elle ?

Histoire littéraire

Petit panorama de la poésie française

SIÈCLE	ÉCOLE LITTÉRAIRE	POÈTE
XIVᵉ siècle		Charles d'Orléans
XVᵉ siècle		Villon
XVIᵉ siècle		Clément Marot
	L'École Lyonnaise	Maurice Scève Louise Labé
	La Pléiade	Du Bellay Ronsard
XVIIᵉ siècle		Malherbe
	Le Baroque	Corneille
	La Préciosité	Voiture Bensérade
	Le Classicisme	Boileau La Fontaine Racine
XVIIIᵉ siècle	**Le Néo-classicisme**	André Chénier
XIXᵉ siècle	**Le Romantisme**	Lamartine Victor Hugo Alfred de Musset Alfred de Vigny
	L'Art pour l'art	Théophile Gautier

	Le Parnasse	Leconte de Lisle
		Banville
		Heredia
		Sully Prudhomme
		François Coppée
	Les précurseurs du Symbolisme	
		Baudelaire
		Nerval
	Les Décadents	Rodenbach
		Jules Laforgue
	Les Poètes maudits	Tristan Corbière
		Arthur Rimbaud
	Les Symbolistes	Verlaine
		Mallarmé
XXᵉ siècle	**L'Ecole romane**	Jean Moréas
		Charles Maurras
	Le Néo-symbolisme	
	Les Post-symbolistes	Henri de Régnier
		Anna de Noailles
		Blaise Cendrars
		Apollinaire
		Charles Péguy
		Paul Claudel
		Paul Valéry
	Les Surréalistes	Paul Eluard
		Louis Aragon

61

Classicisme et Romantisme

Le classicisme

Définition
Mouvement littéraire qui éclot en France au XVIIe siècle.

Préceptes classiques majeurs
imitation des grecs et des romains
séparation des genres = tragédie / comédie
Conventions : ne pas choquer; vraisemblance ;bienséances

doctrine classique
L'Art poétique de Boileau contient les grands principes
classiques couchés en vers proverbiaux
dont voici les plus connus :

Jamais au spectateur n'offrez rien d'incroyable :
Le **vrai** peut quelquefois n'être pas vraisemblable…

Qu'en **un lieu**, qu'en **un jour**, **un seul fait** accompli,
Tienne jusqu'à la fin, le théâtre rempli.

Aimez donc la **raison** : que toujours vos écrits
Empruntent d'elle seule et leur lustre et leur prix…

N'offrez rien au lecteur que ce qui peut lui plaire.
Ayez pour la **cadence** une oreille sévère :
Que toujours dans vos vers, le sens, coupant les mots,
Suspende l'hémistiche, en marque le **repos**…

Il est un heureux choix de mots **harmonieux**.
Fuyez des mauvais sons le concours odieux …

Ce que l'on conçoit bien s'énonce **clairement**,
Et les mots pour le dire arrivent aisément.

Hâtez-vous lentement ; et, sans perdre courage,
Vingt fois sur le métier remettez votre ouvrage :

Le secret est d'abord de **plaire** et de toucher :
Inventez des ressorts qui puissent m'attacher.

Il faut dans la douleur que vous vous abaissiez.
Pour me tirer des pleurs, il faut que vous **pleuriez**…

Que la **nature** donc soit votre étude unique,
Auteurs qui prétendez aux honneurs du comique…

Le romantisme

Mouvement européen développé par étapes
Sensibilité au 18 siècle : J. J. Rousseau

Allemagne :	Goethe, Schiller
Angleterre :	Coleridge, Wordsworth, W. Scott, Keats, Shelley, Byron
France :	Chateaubriand : *Atala* (1801) ; *René* (1802)
	1827 : *la Préface de Cromwell* de Hugo
	1830 : *Hernani* de Victor Hugo
	1838 : *Ruy Blas* de Victor Hugo
	1848 : *Les Burgraves*, échec de Victor Hugo

Autres romantiques français : Lamartine, Musset, Vigny…

Définition
Une réaction au classicisme auquel il s'oppose.
"Le libéralisme en littérature." 1827
Proclamation de la liberté dans l'art : ni règles, ni préceptes, ni modèles

doctrine romantique :
Le romantisme s'oppose point par point aux règles classiques

1. Intérêt pour le Moyen Age, (Scott) Shakespeare, Christianisme, l'époque contemporaine.
2. Concentration sur le Moi, sur l'individu, le concret.
3. Thèmes lyriques = la Nature, La Vie, l'Amour, La Mort, l'Enfant, La mer, La Famille.
4. Il faut déraisonner par l'émotion, le sentiment, le mal du siècle, le vague des passions.
5. Recherche des grands secrets des choses : le poète a une mission.
6. Oubli de la tristesse de la vie par le dépaysement : exotisme, histoire, fantaisie
7. Rejet des anciens
8. Création du drame : mélange des genres et renouveau de la règle des unités
9. Rejet des conventions littéraires
10. Renouvellement de la langue

La langue
La prose est utilisée, mais c'est surtout la poésie, le vers que les romantiques utiliseront.
Le vers = surtout l'alexandrin, comme les classiques.
mais = "un vers libre, franc, ..." : sans césure automatique, avec un enjambement fréquent et un vocabulaire libéré :

Césure :
J'ai disloqué ce grands niais d'alexandrin (Hugo)
Enjambement :
Je viens à vous Seigneur ! confessant que vous êtes //
Bon, clément, indulgent et doux, ô Dieu vivant ! (Hugo)
Vocabulaire :
J'ai mis le bonnet rouge au bon vieux dictionnaire (hugo)

Poésie française du 19ᵉ siècle

Romantisme	Parnasse	Symbolisme
objectifs	**objectifs**	**objectifs**
le vrai	le beau l'inconnu	
la sentimentalité	l'impassibilité	le nouveau
l'imagination / exaltation	l'art pour art	le caché / l'idéal
type de poésie	**type de poésie**	**type de poésie**
lyrique	descriptive	suggestive
élégiaque	sculpturale	triste
éloquente	impersonnelle	hermétique
littérature engagée	impassible	musicale
moyens	**moyens**	**moyens**
couleur locale	mythologie	musicalité
exotisme, histoire	exotisme	symboles
subjectivité	objectivité	correspondances
	érudtion	dérèglement des sens
thèmes	**thèmes**	**thèmes**
Dieu / enfance / moi	objets simples	personnels
nature / famille / patrie	pays exotiques	Dieu
humanité / mort / solitude	antiquité	Idéal
mal du siècle / souvenir	animaux	Spleen
amour	cultures lointaines	pessimisme
style	**style**	**style**
libéralisme en littérature	structure	désordre
contre les formes :	poèmes fixes	assonance
pour les poèmes libres	concision	vers impair
contre le vers à 12	vers pair	poèmes en prose
rimes faciles	rimes riches	vers blanc
vocabulaire populaire	vocabulaire relevé	voc. élargi, vulgaire
poète	**poète**	**poète**
un guide ou un mage	un artiste	un paria
un paria		un voyant

Anthologie

Agrippa D'Aubigné
(1552-1630)

Je veux peindre la France

Je veux peindre la France une mère affligée,
Qui est, entre ses bras, de deux enfants chargée.
Le plus fort, orgueilleux, empoigne les deux bouts
Des tétins nourriciers ; puis, à force de coups
5   D'ongles, de poings, de pieds, il brise le partage
Dont la nature donnait à son besson l'usage ;
Ce voleur acharné, cet Ésaü malheureux ?
Fait dégât du doux lait qui doit nourrir les deux,
Si que, pour arracher à son frère la vie,
10 Il méprise la sienne et n'en a plus d'envie.
Mais son Jacob, pressé d'avoir jeûné meshui,
Ayant dompté longtemps en son coeur son ennui,
A la fin se défend, et sa juste colère
Rend à l'autre un combat dont le champ est la mère…
15 Leur conflit se rallume et fait si furieux
Que l'un gauche malheur ils se crèvent les yeux.
Cette femme éplorée, en sa douleur plus forte,
Succombe à la douleur, mi-vivante, mi-morte ;
Elle voit les mutins, tout déchirés, sanglants,
20 Qui, ainsi que du cuir , des mains se font cherchant.
Quand, pressant à son sein d'une amour maternelle
Celui qui a le droit et la juste querelle,
Elle veut le sauver, l'autre qui n'est pas las
25 Viole, en son poursuivant, l'asile de ses bras.
Adonc se perd le lait, le suc de sa poitrine ;
Puis, aux derniers abois se sa propre ruine,
Elle dit : « Vous avez, félons, ensanglanté
Le sein qui vous nourrit et qui vous a porté ;
30 Or, vivez de venin, sanglante géniture,
Je n'ai plus que du sang pour votre nourriture ! »

Les Tragiques

Guillaume Apollinaire
(1880-1918)

Le Pont Mirabeau

Sous le pont Mirabeau coule la Seine
Et nos amours
Faut-il qu'il m'en souvienne
La joie venait toujours après la peine

Vienne la nuit sonne l'heure
6   Les jours s'en vont je demeure

Les mains dans les mains restons face à face
Tandis que sous
Le pont de nos bras passe
Des éternels regards l'onde si lasse

Vienne la nuit sonne l'heure
12   Les jours s'en vont je demeure

L'amour s'en va comme cette eau courante
L'amour s'en va
Comme la vie est lente
Et comme l'Espérance est violente

Vienne la nuit sonne l'heure
18   Les jours s'en vont je demeure

Passent les jours et passent les semaines
Ni temps passé
Ni les amours reviennent
Sous le pont Mirabeau coule la Seine

Vienne la nuit sonne l'heur
24   Les jours s'en vont je demeure

Alcools

69

Aragon
(1897-1982)

Les Yeux d'Elsa

Tes yeux sont si profonds qu'en me penchant pour boire
J'ai vu tous les soleils y venir se mirer
S'y jeter à mourir tous les désespérés
4 Tes yeux sont si profonds que j'y perds la mémoire

À l'ombre des oiseaux c'est l'océan troublé
Puis le beau temps soudain se lève et tes yeux changent
L'été taille la nue au tablier des anges
8 Le ciel n'est jamais bleu comme il l'est sur les blés

Les vents chassent en vain les chagrins de l'azur
Tes yeux plus clairs que lui lorsqu'une larme y luit
Tes yeux rendent jaloux le ciel d'après la pluie
12 Le verre n'est jamais si bleu qu'à sa brisure

Mère des Sept douleurs ô lumière mouillée
Sept glaives ont percé le prisme des couleurs
Le jour est plus poignant qui point entre les pleurs
16 L'iris troué de noir plus bleu d'être endeuillé

Tes yeux dans le malheur ouvrent la double brèche
Par où se reproduit le miracle des Rois
Lorsque le coeur battant ils virent tous les trois
20 Le manteau de Marie accroché dans la crèche

Une bouche suffit au mois de Mai des mots
Pour toutes les chansons et pour tous les hélas
Trop peu d'un firmament pour des millions d'astres
24 Il leur fallait tes yeux et leurs secrets gémeaux

Les Yeux d'Elsa (extraits)

Arvers
(1806-1850)

Sonnet

Mon âme a son secret, ma vie a son mystère;
Un amour éternel en un moment conçu:
Le mal est sans espoir, aussi j'ai dû le taire,
4   Et celle qui l'a fait n'en a jamais rien su.

Hélas! j'aurai passé près d'elle inaperçu,
Toujours à ses côtés, et pourtant solitaire
Et j'aurai jusqu'au bout fait mon temps sur la terre,
8   N'osant rien demander et n'ayant rien reçu.

Pour elle, quoique Dieu l'ait faite douce et tendre,
Elle ira son chemin, distraite et sans entendre
11   Ce murmure d'amour élevé sur ses pas;

A l'austère devoir, pieusement fidèle,
Elle dira, lisant ces vers tout remplis d'elle:
14   «Quelle est donc cette femme?» et ne comprendra pas.

Mes heures perdues

Baudelaire
(1821-1867)

À une passante

La rue assourdissante autour de moi hurlait.
Longue, mince, en grand deuil, douleur majestueuse,
Une femme passa, d'une main fastueuse
4   Soulevant, balançant le feston et l'ourlet ;

Agile et noble, avec sa jambe de statue.
Moi, je buvais, crispé comme un extravagant,
Dans son œil, ciel livide où germe l'ouragan,
8   La douceur qui fascine et le plaisir qui tue.

Un éclair... puis la nuit ! — Fugitive beauté
Dont le regard m'a fait soudainement renaître,
11   Ne te verrai-je plus que dans l'éternité ?

Ailleurs, bien loin d'ici ! trop tard ! *jamais* peut-être !
Car j'ignore où tu fuis, tu ne sais où je vais,
14   Ô toi que j'eusse aimée, ô toi qui le savais !

Les Fleurs du mal

72

Baudelaire
(1821-1867)

Correspondances

La Nature est un temple où de vivants piliers
Laissent parfois sortir de confuses paroles ;
L'homme y passe à travers des forêts de symboles
4   Qui l'observent avec des regards familiers.

Comme de longs échos qui de loin se confondent
Dans une ténébreuse et profonde unité,
Vaste comme la nuit et comme la clarté,
8   Les parfums, les couleurs et les sons se répondent.

Il est des parfums frais comme des chairs d'enfants,
Doux comme les hautbois, verts comme les prairies,
11   – Et d'autres, corrompus, riches et triomphants,

Ayant l'expansion des choses infinies,
Comme l'ambre, le musc, le benjoin et l'encens,
14   Qui chantent les transports de l'esprit et des sens.

Les Fleurs du mal

Baudelaire
(1821-1867)

La servante au grand cœur

La servante au grand coeur dont vous étiez jalouse,
Et qui dort son sommeil sous une humble pelouse,
Nous devrions pourtant lui porter quelques fleurs.
Les morts, les pauvres morts, ont de grandes douleurs,
5   Et quand Octobre souffle, émondeur des vieux arbres,
Son vent mélancolique à l'entour de leurs marbres,
Certes, ils doivent trouver les vivants bien ingrats,
A dormir, comme ils font, chaudement dans leurs draps,
Tandis que, dévorés de noires songeries,
10   Sans compagnon de lit, sans bonnes causeries,
Vieux squelettes gelés travaillés par le ver,
Ils sentent s'égoutter les neiges de l'hiver
Et le siècle couler, sans qu'amis ni famille
Remplacent les lambeaux qui pendent à leur grille.

15   Lorsque la bûche siffle et chante, si le soir,
Calme, dans le fauteuil, je la voyais s'asseoir,
Si, par une nuit bleue et froide de décembre,
Je la trouvais tapie en un coin de ma chambre,
Grave, et venant du fond de son lit éternel
20   Couver l'enfant grandi de son oeil maternel,
Que pourrais-je répondre à cette âme pieuse,
Voyant tomber des pleurs de sa paupière creuse ?

Les Fleurs du mal

Baudelaire
(1821-1867)

L'Albatros

Souvent, pour s'amuser, les hommes d'équipage
Prennent des albatros, vastes oiseaux des mers,
Qui suivent, indolents compagnons de voyage,
4 Le navire glissant sur les gouffres amers.

À peine les ont-ils déposés sur les planches,
Que ces rois de l'azur, maladroits et honteux,
Laissent piteusement leurs grandes ailes blanches
8 Comme des avirons traîner à côté d'eux.

Ce voyageur ailé, comme il est gauche et veule !
Lui, naguère si beau, qu'il est comique et laid !
L'un agace son bec avec un brûle-gueule,
12 L'autre mime, en boitant, l'infirme qui volait !

Le Poète est semblable au prince des nuées
Qui hante la tempête et se rit de l'archer ;
Exilé sur le sol au milieu des huées,
16 Ses ailes de géant l'empêchent de marcher.

Les Fleurs du mal

Baudelaire
(1821-1867)

L'ennemi

Ma jeunesse ne fut qu'un ténébreux orage,
Traversé çà et là par de brillants soleils;
Le tonnerre et la pluie ont fait un tel ravage,
4   Qu'il reste en mon jardin bien peu de fruits vermeils.

Voilà que j'ai touché l'automne des idées,
Et qu'il faut employer la pelle et les râteaux
Pour rassembler à neuf les terres inondées,
8   Où l'eau creuse des trous grands comme des tombeaux.

Et qui sait si les fleurs nouvelles que je rêve
Trouveront dans ce sol lavé comme une grève
11   Le mystique aliment qui ferait leur vigueur?

– Ô douleur! Ô douleur! Le Temps mange la vie,
Et l'obscur Ennemi qui nous ronge le coeur
14   Du sang que nous perdons croît et se fortifie.

Les Fleurs du mal

Baudelaire
(1821-1867)

L'étranger

Qui aimes-tu le mieux, homme énigmatique, dis? ton père,
ta mère, ta soeur ou ton frère?
- Je n'ai ni père, ni mère, ni soeur, ni frère.
- Tes amis?
-Vous vous servez là d'une parole dont le sens m'est resté
jusqu'à ce jour inconnu.
- Ta patrie?
- J'ignore sous quelle latitude elle est située.
- La beauté?
- Je l'aimerais volontiers, déesse et immortelle.
- L'or?
- Je le hais comme vous haïssez Dieu.
- Eh! qu'aimes-tu donc, extraordinaire étranger?
- J'aime les nuages... les nuages qui passent... là-bas...
là-bas... les merveilleux nuages!

Petits poèmes en prose

Baudelaire
(1821-1867)

L'Homme et la Mer

Homme libre, toujours tu chériras la mer !
La mer est ton miroir ; tu contemples ton âme
Dans le déroulement infini de sa lame,
4   Et ton esprit n'est pas un gouffre moins amer.

Tu te plais à plonger au sein de ton image ;
Tu l'embrasses des yeux et des bras, et ton cœur
Se distrait quelquefois de sa propre rumeur
8   Au bruit de cette plainte indomptable et sauvage.

Vous êtes tous les deux ténébreux et discrets :
Homme, nul n'a sondé le fond de tes abîmes ;
Ô mer, nul ne connaît tes richesses intimes,
12   Tant vous êtes jaloux de garder vos secrets !

Et cependant voilà des siècles innombrables
Que vous vous combattez sans pitié ni remord,
Tellement vous aimez le carnage et la mort,
16   Ô lutteurs éternels, ô frères implacables !

Les Fleurs du Mal

Baudelaire
(1821-1867)

Recueillement

Sois sage, ô ma Douleur, et tiens-toi plus tranquille.
Tu réclamais le Soir ; il descend ; le voici :
Une atmosphère obscure enveloppe la ville,
4   Aux uns portant la paix, aux autres le souci.

Pendant que des mortels la multitude vile,
Sous le fouet du Plaisir, ce bourreau sans merci,
Va cueillir des remords dans la fête servile,
8   Ma Douleur, donne-moi la main ; viens par ici,

Loin d'eux. Vois se pencher les défuntes Années,
Sur les balcons du ciel, en robes surannées ;
11   Surgir du fond des eaux le Regret souriant ;

Le Soleil moribond s'endormir sous une arche,
Et, comme un long linceul traînant à l'Orient,
14   Entends, ma chère, entends la douce Nuit qui marche.

Les Fleurs du Mal

Baudelaire
(1821-1867)

Spleen

Quand le ciel bas et lourd pèse comme un couvercle
Sur l'esprit gémissant en proie aux longs ennuis,
Et que de l'horizon embrassant tout le cercle
4   Il nous verse un jour noir plus triste que les nuits ;

Quand la terre est changée en un cachot humide,
Où l'Espérance, comme une chauve-souris,
S'en va battant les murs de son aile timide
8   Et se cognant la tête à des plafonds pourris ;

Quand la pluie étalant ses immenses traînées
D'une vaste prison imite les barreaux,
Et qu'un peuple muet d'infâmes araignées
12   Vient tendre ses filets au fond de nos cerveaux,

Des cloches tout à coup sautent avec furie
Et lancent vers le ciel un affreux hurlement,
Ainsi que des esprits errants et sans patrie
16   Qui se mettent à geindre opiniâtrement.

— Et de longs corbillards, sans tambours ni musique,
Défilent lentement dans mon âme ; l'Espoir,
Vaincu, pleure, et l'Angoisse atroce, despotique,
20   Sur mon crâne incliné plante son drapeau noir.

Les Fleurs du Mal

80

Baudelaire
(1821-1867)

Un Hémisphère dans une chevelure

Laisse-moi respirer longtemps, longtemps, l'odeur de tes cheveux, y plonger tout mon visage, comme un homme altéré dans l'eau d'une source, et les agiter avec ma main comme un mouchoir odorant, pour secouer des souvenirs dans l'air.

Si tu pouvais savoir tout ce que je vois! tout ce que je sens! tout ce que j'entends dans tes cheveux ! Mon âme voyage sur le parfum comme l'âme des autres hommes sur la musique.

Tes cheveux contiennent tout un rêve, plein de voilures et de mâtures; ils contiennent de grandes mers dont les moussons me portent vers de charmants climats, où l'espace est plus bleu et plus profond, où l'atmosphère est parfumée par les fruits, par les feuilles et par la peau humaine…

Dans les caresses de ta chevelure, je retrouve les langueurs des longues heures passées sur un divan, dans la chambre d'un beau navire, bercées par le roulis imperceptible du port, entre les pots de fleurs et les gargoulettes rafraîchissantes.

Dans l'ardent foyer de ta chevelure, je respire l'odeur du tabac mêlé à l'opium et au sucre; dans la nuit de ta chevelure, je vois resplendir l'infini de l'azur tropical; sur les rivages duvetés de ta chevelure je m'enivre des odeurs combinées du goudron, du musc et de l'huile de coco.

Petits poèmes en prose

Bensérade
(1613-1691)

Sur Job [1]

Job, de mille tourments atteint,
Vous rendra sa douleur connue,
Et raisonnablement il craint
4   Que vous n'en soyez point émue.

Vous verrez sa misère nue :
Il s'est lui-même ici dépeint.
Accoutumez-vous à la vue
8   D'un homme qui souffre et se plaint.

Bien qu'il eût d'extrêmes souffrances
On voit aller des patiences
11   Plus loin que la sienne n'alla.

S'il souffrit des maux incroyables,
Il s'en plaignit, il en parla ;
14   J'en connais de plus misérables.

Œuvres

[1] Personnage biblique représentant l'homme juste frappé par le malheur. Il questionne Dieu sur la question du mal.

Boileau
(1636-1711)

Chant IV

Dans Florence, jadis, vivait un médecin,
Savant hâbleur, dit-on, et célèbre assassin.
Lui seul y fit longtemps la publique misère :
Là, le fils orphelin lui redemande un père ;
5   Ici, le frère pleure un frère empoisonné.
L'un meurt vide de sang, l'autre plein de séné ;
Le rhume à son aspect se change en pleurésie,
Et, par lui, la migraine est bientôt frénésie.
Il quitte enfin la ville, en tous lieux détesté.
10   De tous ses amis morts un seul ami resté
Le mène en sa maison de superbe structure
C'était un riche abbé, fou de l'architecture.
Le médecin, d'abord, semble né dans cet art,
Déjà de bâtiments parle comme Mansart :
15   D'un salon qu'on élève il condamne la face ;
Au vestibule obscur il marque une autre place,
Approuve l'escalier tourné d'autre façon...
Son ami le conçoit, et mande son maçon.
Le maçon vient, écoute, approuve et se corrige.
20   Enfin, pour abréger un si plaisant prodige,
Notre assassin renonce à son art inhumain ;
Et désormais, la règle et l'équerre à la main,
Laissant de Galien, la science suspecte,
De méchant médecin devient bon architecte.
25   Son exemple est pour nous un précepte excellent.
Soyez plutôt maçon, si c'est votre talent,
Ouvrier estimé dans un art nécessaire,
Qu'écrivain du commun et poète vulgaire.
Il est dans tout autre art des degrés différents,
30   On peut avec honneur remplir les seconds rangs ;
Mais, dans l'art dangereux de rimer et d'écrire,
Il n'est point de degrés du médiocre au pire ;
Qui dit froid écrivain dit détestable auteur...

L'Art poétique

Boileau
(1736-1711)

Le Lutrin[1]

Paris voyait fleurir son antique chapelle :
Ses chanoines vermeils et brillants de santé
S'engraissaient d'une longue et sainte oisiveté ;
Sans sortir de leurs lits plus doux que des hermines,
Ces pieux fainéants faisaient chanter matines,
Veillaient à bien dîner, et laissaient en leur lieu
A des chantres gagés le soin de louer Dieu…

Dans le réduit obscur d'une alcôve enfoncée
S'élève un lit de plume à grand frais amassée :
10   Quatre rideaux pompeux, par un double contour,
En défendent l'entrée à la clarté du jour.
Là, parmi les douceurs d'un tranquille silence,
Règne sur le duvet une heureuse indolence :
C'est là que le prélat, muni d'un déjeuner,
Dormant d'un léger somme, attendait le dîner.
La jeunesse en sa fleur brille sur son visage :
Son menton sur son sein descend à double étage ;
Et son corps ramassé dans sa courte grosseur
Fait gémir les coussins sous sa molle épaisseur.

20   La déesse en entrant, qui voit la nappe mise,
Admire un si bel ordre, et reconnaît l'Eglise :
Et, marchant à grand pas vers le lieu du repos,
Au prélat sommeillant elle adresse ces mots :

Tu dors, Prélat, tu dors, et là-haut à ta place
Le chantre [1] aux yeux du chœur étale son audace,
Chante les orémus, fait des processions,
Et répand à grands flots les bénédictions…

84

Tel qu'on voit un taureau qu'une guêpe en furie
A piqué dans les flancs aux dépens de sa vie ;
30 Le superbe animal, agité de tourments,
Exhale sa douleur en longs mugissements ;
Tel le fougueux prélat, que ce songe épouvante,
Querelle en se levant et laquais et servante ;
Et, d'un juste courroux rallumant sa vigueur,
Même avant le dîner, parle d'aller au chœur.

Le Lutrin

[1]. Poème héroï-comique aux personnages médiocres et ridicules et au sujet léger : dans la Sainte-Chapelle, certains chanoines veulent enlever un lutrin du chœur alors que d'autres veulent l'y garder.

Boileau
(1636-1711)

Satire IX

La satire ne sert qu'à rendre un fat illustre :
C'est une ombre au tableau, qui lui donne du lustre.
En les blâmant enfin j'ai dit ce que j'en croi ;
Et tel qui m'en reprend en pense autant que moi.
"Il a tort", dira l'un ; "pourquoi faut-il qu'il nomme ?
"Attaquer Chapelain ! [1] ah ! C'est un si bon homme !
"Balzac [2] en fait l'éloge en cent endroits divers.
"Il est vrai, s'il m'eût cru, qu'il n'eût point fait de vers.
"Il se tue à rimer : que n'écrit-il en prose ?"
10   *Voilà ce que l'on dit. Et que dis-je autre chose ?*
En blâmant ses écrits, ai-je d'un style affreux
Distillé sur sa vie un venin dangereux ?
Ma muse, en l'attaquant, charitable et discrète,
Sait de l'homme d'honneur distinguer le poète.
Qu'on vante en lui la foi, l'honneur, la probité ;
Qu'on prise sa candeur et sa civilité ;
Qu'il soit doux, complaisant, officieux, sincère :
On le veut, j'y souscris, et suis prêt de me taire.
Mais que pour un modèle on montre ses écrits,
20   *Qu'il soit le mieux renté de tous les beaux esprits,*
Comme roi des auteurs qu'on l'élève à l'empire :
Ma bile alors s'échauffe, et je brûle d'écrire,
Et, s'il ne m'est permis de le dire au papier,
J'irai creuser la terre, et, comme ce barbier,
Faire dire aux roseaux par un nouvel organe :
"Midas, le roi Midas [3] a des oreilles d'âne."
Quel tort lui fais-je enfin ? Ai-je par un écrit
Pétrifié sa veine et glacé son esprit ?
Quand un livre au palais se vend et se débite,
30   *Que chacun par ses yeux juge de son mérite,*

Que Billaine [4] l'étale au deuxième pilier,
Le dégoût d'un censeur peut-il le décrier ?
En vain contre le Cid un ministre se ligue :
Tout Paris pour Chimène a les yeux de Rodrigue,
L'Académie en corps a beau le censurer :
36   *Le public révolté s'obstine à l'admirer.*

[1] Jean Chapelain, poète et critique français
[2] Guez de Balzac, écrivain français
[3] Midas, roi de Phrygie auquel Apollon donna des
    oreilles d'âne; il voulut cacher cela mais la chose
    se sut par les roseaux qui répétaient la nouvelle.
[4] Éditeur parisien de l'époque

Cendrars
(1887-1961)

En ce temps-là, j'étais en mon adolescence
J'avais à peine seize ans et je ne me souvenais déjà plus de
mon enfance //
J'étais à 16.000 lieues du lieu de ma naissance
J'étais à Moscou dans la ville des mille et trois clochers et
des sept gares //
Et je n'avais pas assez des sept gares et des mille et trois
tours //
Car mon adolescence était si ardente et si folle
Que mon cœur tour à tour brûlait comme le temple
d'Éphèse ou comme la Place //
Rouge de Moscou quand le soleil se couche.
Et mes yeux éclairaient des voies anciennes.
Et j'étais déjà si mauvais poète
Que je ne savais pas aller jusqu'au bout.

Le Kremlin était comme un immense gâteau tartare
croustillé d'or, //
Avec les grandes amandes des cathédrales, toutes
blanches //
Et l'or mielleux des cloches...
Un vieux moine me lisait la légende de Novgorod
J'avais soif
Et je déchiffrais des caractères cunéiformes
Puis, tout à coup, les pigeons du Saint-Esprit s'envolaient
sur la place //
Et mes mains s'envolaient aussi avec des bruissements
d'albatros //
Et ceci, c'était les dernières réminiscences
Du dernier jour
Du tout dernier voyage
Et de la mer.

Du fond de mon cœur des larmes me viennent
Si je pense, Amour, à ma maîtresse;
Elle n'est qu'une enfant que je trouvai ainsi
Pâle, immaculée au fond d'un bordel.

Ce n'est qu'une enfant, blonde rieuse et triste.
Elle ne sourit pas et ne pleure jamais;
Mais au fond de ses yeux, quand elle vous y laisse boire
Tremble un doux Lys d'argent, la fleur du poète.

Elle est douce et muette, sans aucun reproche,
Avec un long tressaillement à votre approche;
Mais quand moi je lui viens, de ci, de là, de fête,
Elle fait un pas, puis ferme les yeux- et fait un pas.
Car elle est mon amour et les autres femmes
N'ont que des robes d'or sur de grands corps de flammes,
Ma pauvre amie est si esseulée,
Elle est toute nue, n'a pas de corps – elle est trop pauvre.

Elle n'est qu'une fleur candide, fluette,
La fleur du poète, un pauvre lys d'argent,
Tout froid, tout seul, et déjà si fané,
Que les larmes me viennent si je pense à son cœur.
Et cette nuit est pareille à cent mille autres quand un train
file dans la nuit //
– Les comètes tombent –
Et que l'homme et la femme, même jeunes, s'amusent à
faire l'amour. //

La Prose du transsibérien et de la petite Jehanne de France

Chanson de Roland
(vers 1070)

*Le comte Roland, à la tête de l'arrière-garde de l'armée de
Charlemagne, se fait attaquer à Roncevaux. Lorsqu'il appelle
à l'aide en sonnant son cor, il est déjà bien tard…*

CXXXIII

Roland a mis l'olifant à sa bouche,
Il le tient solidement, il le sonne avec grande force.
Les mots sont hauts et la voix est très longue,
A plus de trente lieues ils l'entendirent résonner.
Charles l'entend et toute sa compagnie.
Le roi dit : « Nos hommes combattent ! »
Et Ganelon[1] lui répond au contraire :
« Si un autre le disait, cela semblerait grand mensonge. »

CXXXIV

Le comte Roland, avec peine et effort,
En grande douleur sonne son olifant.
Le sang clair lui en jaillit de la bouche.
La tempe de son cerveau en est rompue.
La portée du son qu'il corne est très grande ;
Charles l'entend, qui est sur le point de passer les ports.
Naimes le duc l'entend, et les Francs l'écoutent.
Le roi dit : « J'entends le cor de Roland !...
Ganelon répond : « Pas trace de bataille !
Vous êtes déjà vieux, votre barbe est blanche et fleurie …
Chevauchez donc ! Pourquoi vous arrêtez-vous ?...

CXXXV

Le comte Roland a la bouche sanglante.
La tempe de son cerveau est rompue.
Il sonne l'olifant avec peine et douleur.
Charles l'entend et ses Francs l'entendent.
Le roi dit : »Ce cor a longue haleine ! » …

Traduction d'Anne Berthelot

1. Traître de l'entourage de Charlemagne

Charles d'Orléans
(1391-1465)

Rondeau

Le temps a laissé son manteau
De vent, de froidure et de pluie,
Et s'est vêtu de broderie,
4 De soleil luisant, clair et beau.

Il n'y a bête ni oiseau
Qu'en[1] son jargon ne chante ou crie :
7 Le temps a laissé son manteau !

Rivière, fontaine et ruisseau
Portent en livrée jolie,
Gouttes d'argent d'orfèvrerie,
Chacun s'habille de nouveau :
12 Le temps a laissé son manteau !

1. Qu'en = qui en

91

Chateaubriand
(1768-1848)

Mais comment exprimer cette foule de sensations fugitives, que j'éprouvais dans mes promenades? Les sons que rendent les passions dans le vide d'un cœur solitaire, ressemblent au murmure que les vents et les eaux font entendre dans le silence d'un désert: on en jouit, mais on ne peut les peindre.

L'automne me surprit au milieu de ces incertitudes: j'entrai avec ravissement dans les mois des tempêtes. Tantôt j'aurais voulu être un de ces guerriers errant au milieu des vents, des nuages et des fantômes; tantôt j'enviais jusqu'au sort du pâtre que je voyais réchauffer ses mains à l'humble feu de broussailles qu'il avait allumé au coin d'un bois. J'écoutais ses chants mélancoliques, qui me rappelaient que dans tout pays, le chant naturel de l'homme est triste, lors même qu'il exprime le bonheur. Notre cœur est un instrument incomplet, une lyre où il manque des cordes, et où nous sommes forcés de rendre les accents de la joie sur le ton consacré aux soupirs.

Le jour je m'égarais sur de grandes bruyères terminées par des forêts. Qu'il fallait peu de chose à ma rêverie: une feuille séchée que le vent chassait devant moi, une cabane dont la fumée s'élevait dans la cime dépouillée des arbres, la mousse qui tremblait au souffle du nord sur le tronc d'un chêne, une roche écartée un étang désert où le jonc flétri murmurait! Le clocher du hameau, s'élevant au loin dans la vallée, a souvent attiré mes regards; souvent j'ai suivi des yeux les oiseaux de passage qui volaient au-dessus de ma tête Je me figurais les bords ignorés, les climats lointains où ils se rendent; j'aurais voulu être sur leurs ailes. Un secret instinct me tourmentait; je sentais que je n'étais moi-même qu'un voyageur; mais une voix du ciel semblait me dire: "Homme, la saison de ta migration n'est pas encore venue; attends que le vent de la mort se lève, alors tu déploieras ton vol vers ces régions inconnues que ton cœur demande."

Levez-vous vite, orages désirés, qui devez emporter René dans les espaces d'une autre vie! Ainsi disant, je marchais à grands pas, le visage enflammé, le vent sifflant dans ma chevelure, ne sentant ni pluie ni frimas, enchanté, tourmenté, et comme possédé par le démon de mon cœur.

La nuit, lorsque l'aquilon ébranlait ma chaumière, que les pluies tombaient en torrent sur mon toit, qu'à travers ma fenêtre je voyais la lune sillonner les nuages amoncelés, comme un pâle vaisseau qui laboure les vagues, il me semblait que la vie redoublait au fond de mon cœur, que j'aurais eu la puissance de créer des mondes.

Ah! si j'avais pu faire partager à une autre les transports que j'éprouvais! O Dieu! si tu m'avais donné une femme selon mes désirs; si, comme à notre premier père, tu m'eusses amené par la main une Eve tirée de moi-même... Beauté céleste, je me serais prosterné devant toi; puis, te prenant dans mes bras, j'aurais prié l'Eternel de te donner le reste de ma vie.

René

Chateaubriand
(1768-1848)

Livre III, chapitre 1

Hier au soir je me promenais seul ; le ciel ressemblait à un ciel d'automne ; un vent froid soufflait par intervalles. A la percée d'un fourré, je m'arrêtai pour regarder le soleil : il s'enfonçait dans des nuages au-dessus de la tour d'Alluye, d'où Gabrielle, habitante de cette tour, avait vu comme moi le soleil se coucher il y a deux cents ans. Que sont devenus Henri et Gabrielle ? Ce que je serai devenu quand ces Mémoires seront publiés.

Je fus tiré de mes réflexions par le gazouillement d'une grive perchée sur la plus haute branche d'un bouleau. A l'instant, ce son magique fit reparaître à mes yeux le domaine paternel. J'oubliai les catastrophes dont je venais d'être le témoin, et, transporté subitement dans le passé, je revis ces campagnes où j'entendis si souvent siffler la grive. Quand je l'écoutais alors, j'étais triste de même qu'aujourd'hui. Mais cette première tristesse était celle qui naît d'un désir vague de bonheur, lorsqu'on est sans expérience ; la tristesse que j'éprouve actuellement vient de la connaissance des choses appréciées et jugées. Le chant de l'oiseau dans les bois de Combourg m'entretenait d'une félicité que je croyais atteindre ; le même chant dans le parc de Montboissier me rappelait des jours perdus à la poursuite de cette félicité insaisissable. Je n'ai plus rien à apprendre, j'ai marché plus vite qu'un autre, et j'ai fait le tour de la vie. Les heures fuient et m'entraînent ; je n'ai pas même la certitude de pouvoir achever ces Mémoires. Dans combien de lieux ai-je déjà commencé à les écrire, et dans quel lieu les finirai-je ? Combien de temps me promènerai-je au bord des bois ? Mettons à profit le peu d'instants qui me restent ; hâtons-nous de peindre ma jeunesse, tandis que j'y touche encore : le navigateur, abandonnant pour jamais un rivage enchanté, écrit son journal à la vue de la terre qui s'éloigne et qui va bientôt disparaître.

Les Mémoires d'Outre-Tombe

André Chénier
(1762-1794)

La jeune Tarentine

Pleurez, doux alcyons, ô vous, oiseaux sacrés,
Oiseaux chers à Thétis, doux alcyons, pleurez.
Elle a vécu, Myrto, la jeune Tarentine.
Un vaisseau la portait aux bords de Camarine.
5 Là l'hymen, les chansons, les flûtes, lentement,
Devaient la reconduire au seuil de son amant.
Une clef vigilante a pour cette journée
Dans le cèdre enfermé sa robe d'hyménée
Et l'or dont au festin ses bras seraient parés
10 Et pour ses blonds cheveux les parfums préparés.
Mais, seule sur la proue, invoquant les étoiles,
Le vent impétueux qui soufflait dans les voiles
L'enveloppe. Étonnée, et loin des matelots,
Elle crie, elle tombe, elle est au sein des flots.
15 Elle est au sein des flots, la jeune Tarentine.
Son beau corps a roulé sous la vague marine.
Thétis, les yeux en pleurs, dans le creux d'un rocher
Aux monstres dévorants eut soin de la cacher.
Par ses ordres bientôt les belles Néréides
20 L'élèvent au-dessus des demeures humides,
Le portent au rivage, et dans ce monument
L'ont, au cap du Zéphir, déposé mollement.
Puis de loin à grands cris appelant leurs compagnes,
Et les Nymphes des bois, des sources, des montagnes,
25 Toutes frappant leur sein et traînant un long deuil,
Répétèrent : « hélas ! » autour de son cercueil.
Hélas ! chez ton amant tu n'es point ramenée.
Tu n'as point revêtu ta robe d'hyménée.
L'or autour de tes bras n'a point serré de nœuds.
30 Les doux parfums n'ont point coulé sur tes cheveux.

André Chénier
(1762-1794)

Comme un dernier rayon…[1]

Comme un dernier rayon, comme un dernier zéphire
Anime la fin d'un beau jour,
Au pied de l'échafaud j'essaye encor ma lyre.
Peut-être est-ce bientôt mon tour ;
5 Peut-être avant que l'heure en cercle promenée
Ait posé sur l'émail brillant,
Dans les soixante pas où sa route est bornée,
Son pied sonore et vigilant,
Le sommeil du tombeau pressera ma paupière !
10 Avant que de ses deux moitiés
Ce vers que je commence ait atteint la dernière,
Peut-être en ces murs effrayés
Le messager de mort, noir recruteur des ombres,
Escorté d'infâmes soldats,
15 Ébranlant de mon nom ces longs corridors sombres,
Où seul, dans la foule à grands pas
J'erre, aiguisant ces dards persécuteurs du crime,
Du juste trop faibles soutiens,
Sur mes lèvres soudain va suspendre la rime;
20 Et chargeant mes bras de liens,
Me traîner, amassant en foule à mon passage
Mes tristes compagnons reclus,
Qui me connaissaient tous avant l'affreux message,
Mais qui ne me connaissent plus.
25 Eh bien! j'ai trop vécu…
Vienne, vienne la mort ! que la mort me délivre !...
S'il est écrit aux cieux que jamais une épée
N'étincellera dans mes mains,
Dans l'encre et l'amertume une autre arme trempée
30 Peut encor servir les humains.
Justice, vérité, si ma main, si ma bouche,
Si mes pensers les plus secrets
Ne froncèrent jamais votre sourcil farouche,
Et si les infâmes progrès,

35 Si la risée atroce, ou plus atroce injure,
   L'encens de hideux scélérats,
   Ont pénétré vos cœurs d'une large blessure,
   Sauvez-moi. Conservez un bras
   Qui lance votre foudre, un amant qui vous venge.
40 Mourir sans vider mon carquois !
   Sans percer, sans fouler, sans pétrir dans leur fange
   Ces bourreaux barbouilleurs de lois !
   Ces vers cadavéreux de la France asservie,
   Égorgée ! ô mon cher trésor,
45 O ma plume, fiel, bile, horreur, dieux de ma vie !
   Par vous seuls je respire encor
   Comme la poix brûlante agitée en ses veines
   Ressuscite un flambeau mourant.
   Je souffre; mais je vis. Par vous, loin de mes peines,
50 D'espérance un vaste torrent
   Me transporte. Sans vous, comme un poison livide,
   L'invisible dent du chagrin,
   Mes amis opprimés, du menteur homicide
   Les succès, le sceptre d'airain,
55 Des bons proscrits par lui la mort ou la ruine,
   L'opprobre de subir sa loi,
   Tout eût tari ma vie, ou contre ma poitrine
   Dirigé mon poignard. Mais quoi !
   Nul ne resterait donc pour attendrir l'histoire
60 Sur tant de justes massacrés !
   Pour consoler leurs fils, leurs veuves, leur mémoire !
   Pour que des brigands abhorrés
   Frémissent aux portraits noirs de leur ressemblance!
   Pour descendre jusqu'aux enfers
65 Nouer le triple fouet, le fouet de la vengeance
   Déjà levé sur ces pervers!
   Pour cracher sur leurs noms, pour chanter leur supplice !
   Allons, étouffe tes clameurs;
   Souffre, ô cœur gros de haine, affamé de justice.
70 Toi, Vertu, pleure si je meurs.

Dernières poésies

¹ Ce poème a été écrit en prison alors que Chénier attendait d'être guillotiné.

André Chénier
(1762-1794)

La jeune captive [1]

L'épi naissant mûrit de la faux respecté ;
Sans crainte du pressoir, le pampre, tout l'été
Boit les doux présents de l'aurore ;
Et moi, comme lui belle, et jeune comme lui,
5   Quoi que l'heure présente ait de trouble et d'ennui,
Je ne veux pas mourir encore.
Qu'un stoïque aux yeux secs vole embrasser la mort :
Moi je pleure et j'espère. Au noir souffle du nord
Je plie et relève ma tête.
10 S'il est des jours amers, il en est de si doux !
Hélas ! quel miel jamais n'a laissé de dégoûts ?
Quelle mer n'a point de tempête ?
L'illusion féconde habite dans mon sein.
D'une prison sur moi les murs pèsent en vain,
15 J'ai les ailes de l'espérance :
Échappée aux réseaux de l'oiseleur cruel,
Plus vive, plus heureuse, aux campagnes du ciel
Philomèle, chante et s'élance.
Est-ce à moi de mourir ? Tranquille je m'endors,
20 Et tranquille je veille, et ma veille aux remords
Ni mon sommeil ne sont en proie.
Ma bienvenue au jour me rit dans tous les yeux ;
Sur des fronts abattus, mon aspect dans ces lieux
Ranime presque de la joie.
25 Mon beau voyage encore est si loin de sa fin !
Je pars, et des ormeaux qui bordent le chemin
J'ai passé les premiers à peine.
Au banquet de la vie à peine commencé,
Un instant seulement mes lèvres ont pressé

30 La coupe en mes mains encor pleine.
   Je ne suis qu'au printemps, je veux voir la moisson ;
   Et comme le soleil, de-saison en saison,
   Je veux achever mon année.
   Brillante sur ma tige et l'honneur du jardin,
35 Je n'ai vu luire encor que les feux du matin ;
   Je veux achever ma journée.
   O Mort! Tu peux attendre; éloigne, éloigne-toi ;
   Va consoler les cœurs que la honte, l'effroi,
   Le pâle désespoir dévore.
40 Pour moi Palès encore a des asiles verts,
   Les Amours des baisers, les Muses des concerts ;
   Je ne veux pas mourir encore.
   Ainsi, triste et captif, ma lyre toutefois
   S'éveillait, écoutait ces plaintes, cette voix,
45 Ces vœux d'une jeune captive;
   Et secouant le faix de mes jours languissants,
   Aux douces lois des vers je pliai les accents
   De sa bouche aimable et naïve.
   Ces chants, de ma prison témoins harmonieux,
50 Feront à quelque amant des loisirs studieux
   Chercher quelle fut cette belle.
   La grâce décorait son front et ses discours,
   Et, comme elle, craindront de voir finir leurs jours
   Ceux qui les passeront près d'elle.

[1] Ce poème a été écrit en prison alors que Chénier attendait d'être guillotiné.

Blaise de Clairac
(1950-)

Réponse à D'Arvers

Ton amour est secret, tu en fais un mystère,
Poète vertueux. Tu as dû avoir mal,
Supportant jusqu'au bout un lancinant calvaire
4   Aux confins d'un supplice affreux et anormal.

Elle n'en a rien su ! Ton courage moral
T'honore grandement. Ton attitude austère
A dérouté l'amour sur un cours exemplaire...
8   T'a-t-elle *même* aimé ? Ce doute est colossal !

Moi, je ne peux cacher ce frisson intérieur.
J'ai parlé. Elle m'aime. Et cet objet majeur
11   Suffit à mon bonheur. Car même si, un jour,

Je ne la voyais plus, je resterai fidèle
Au souvenir parfait d'une flamme éternelle
14   Consumant ses beaux yeux tout embués d'amour.

Corneille
(1606-1684)

Ô rage ! Ô désespoir...

Ô rage ! ô désespoir ! ô vieillesse ennemie !
N'ai-je donc tant vécu que pour cette infamie ?
Et ne suis-je blanchi dans les travaux guerriers
Que pour voir en un jour flétrir tant de lauriers ?
5 Mon bras qu'avec respect toute l'Espagne admire,
Mon bras, qui tant de fois a sauvé cet empire,
Tant de fois affermi le trône de son roi,
Trahit donc ma querelle, et ne fait rien pour moi ?
Ô cruel souvenir de ma gloire passée !
10 Oeuvre de tant de jours en un jour effacée !
Nouvelle dignité fatale à mon bonheur !
Précipice élevé d'où tombe mon honneur !
Faut-il de votre éclat voir triompher le comte,
Et mourir sans vengeance, ou vivre dans la honte ?
15 Comte, sois de mon prince à présent gouverneur;
Ce haut rang n'admet point un homme sans honneur;
Et ton jaloux orgueil par cet affront insigne
Malgré le choix du roi, m'en a su rendre indigne.
Et toi, de mes exploits glorieux instrument,
20 Mais d'un corps tout de glace inutile ornement,
Fer, jadis tant à craindre, et qui, dans cette offense,
M'as servi de parade, et non pas de défense,
Va, quitte désormais le dernier des humains,
Passe, pour me venger, en de meilleures mains.

Le Cid, I, 4

Corneille
(1606-1684)

DON RODRIGUE

Percé jusques au fond du coeur
D'une atteinte imprévue aussi bien que mortelle,
Misérable vengeur d'une juste querelle,
Et malheureux objet d'une injuste rigueur,
Je demeure immobile, et mon âme abattue
Cède au coup qui me tue.
Si près de voir mon feu récompensé,
ô Dieu, l'étrange peine !
En cet affront mon père est l'offensé,
10   Et l'offenseur le père de Chimène !
Que je sens de rudes combats !
Contre mon propre honneur mon amour s'intéresse :
Il faut venger un père, et perdre une maîtresse.
L'un m'anime le coeur l'autre retient mon bras.
Réduit au triste choix ou de trahir ma flamme,
Ou de vivre en infâme,
Des deux côtés mon mal est infini.
ô Dieu, l'étrange peine !
Faut-il laisser un affront impuni ?
20   Faut-il punir le père de Chimène ?
Père, maîtresse, honneur, amour
Noble et dure contrainte, aimable tyrannie,
Tous mes plaisirs sont morts, ou ma gloire ternie.
L'un me rend malheureux, l'autre indigne du jour.
Cher et cruel espoir d'une âme généreuse,
Mais ensemble amoureuse,
Digne ennemi de mon plus grand bonheur
Fer qui causes ma peine,
M'es-tu donné pour venger mon honneur ?
30   M'es-tu donné pour perdre ma Chimène ?

102

Il vaut mieux courir au trépas.
Je dois à ma maîtresse aussi bien qu'à mon père ;
J'attire en me vengeant sa haine et sa colère ;
J'attire ses mépris en ne me vengeant pas.
À mon plus doux espoir l'un me rend infidèle,
Et l'autre indigne d'elle.
Mon mal augmente à le vouloir guérir ;
Tout redouble ma peine.
Allons, mon âme ; et puisqu'il faut mourir,
40   Mourons du moins sans offenser Chimène.
Mourir sans tirer ma raison !
Rechercher un trépas si mortel à ma gloire !
Endurer que l'Espagne impute à ma mémoire
D'avoir mal soutenu l'honneur de ma maison !
Respecter un amour dont mon âme égarée
Voit la perte assurée !
N'écoutons plus ce penser suborneur,
Qui ne sert qu'à ma peine.
Allons, mon bon, sauvons du moins l'honneur
50   Puisqu'après tout il faut perdre Chimène.
Oui, mon esprit s'était déçu.
Je dois tout à mon père avant qu'à ma maîtresse :
Que je meure au combat, ou meure de tristesse,
Je rendrai mon sang pur comme je l'ai reçu.
Je m'accuse déjà de trop de négligence ;
Courons à la vengeance ;
Et tout honteux d'avoir tant balancé,
Ne soyons plus en peine,
Puisqu'aujourd'hui mon père est l'offensé,
60   Si l'offenseur est père de Chimène.

Le Cid, I, 6

Marceline Desbordes-Valmore
(1786-1859)

La jeune fille et le ramier

Les rumeurs du jardin disent qu'il va pleuvoir ;
Tout tressaille, averti de la prochaine ondée :
Et toi qui ne lis plus, sur ton livre accoudée,
4   Plains-tu l'absent aimé qui ne pourra te voir ?

Là-bas, pliant son aile et mouillé sous l'ombrage,
Banni de l'horizon qu'il n'atteint que des yeux,
Appelant sa compagne et regardant les cieux,
8   Un ramier, comme toi, soupire de l'orage.

Laissez pleuvoir, ô coeurs solitaires et doux !
Sous l'orage qui passe il renaît tant de choses.
Le soleil sans la pluie ouvrirait-il les roses ?
12   Amants, vous attendez, de quoi vous plaignez-vous ?

Poésies posthumes

Du Bellay
(1522-1560)

France, mère des arts, …[1]

France, mère des arts, des armes et des lois,
Tu m'as offert longtemps du lait de ta mamelle.
Ores,[2] comme un agneau qui sa nourrice appelle,
4   Je remplis de ton nom les antres [3] et les bois.

Si tu m'as pour enfant avoué quelquefois,
Que ne me réponds-tu maintenant, ô cruelle ?
France, France, réponds à ma triste querelle [4] !
8   Mais nul, sinon Écho, ne répond à ma voix.

Entre les loups cruels, j'erre parmi la plaine,
Je sens venir l'hiver, de qui la froide haleine
11   D'une tremblante horreur fait hérisser ma peau.

Las ! tes autres agneaux n'ont faute [5] de pâture,
Ils ne craignent le loup, le vent ni la froidure,
14   Si [6] ne suis-je pourtant le pire du troupeau.

1. Lors de la rédaction de ce poème, Du Bellay se
   trouve à Rome, loin de la France
2. ores = maintenant, présentement
3. antres = caverne, grotte
4. querelle = différend ; plainte
5. avoir faute de = ne pas manquer de
6. si = et

Du Bellay
(1522-1560)

Déjà la nuit en son parc amassait…

Déjà la nuit en son parc amassait
Un grand troupeau d'étoiles vagabondes,
Et pour entrer aux cavernes profondes
4   Fuyant le jour, ses noirs chevaux chassait ;

Déjà le ciel aux Indes rougissait,
Et l'aube encor de ses tresses tant blondes
Faisant grêler mille perlettes rondes,
8   De ses trésors les prés enrichissait ;

Quand d'occident, comme une étoile vive,
Je vis sortir dessus ta verte rive,
11   O fleuve mien ! une Nymphe en rient.

Alors voyant cette nouvelle Aurore,
Le jour honteux d'un double teint colore
14   Et l'Angevin et l'Indique orient.

L'Olive

Du Bellay
(1522-1560)

Heureux qui, comme Ulysse, …

Heureux qui, comme Ulysse, a fait un beau voyage,
Ou comme cestuy-là qui conquit la toison,
Et puis est retourné, plein d'usage et raison,
4   Vivre entre ses parents le reste de son âge !

Quand reverrai-je, hélas, de mon petit village
Fumer la cheminée, et en quelle saison
Reverrai-je le clos de ma pauvre maison,
8   Qui m'est une province, et beaucoup davantage ?

Plus me plaît le séjour qu'ont bâti mes aïeux,
Que des palais Romains le front audacieux,
11   Plus que le marbre dur me plaît l'ardoise fine :

Plus mon Loire gaulois, que le Tibre latin,
Plus mon petit Liré, que le mont Palatin,
14   Et plus que l'air marin la douceur angevine.

Les Regrets

Éluard
(1895-1952)

Liberté

Sur mes cahiers d'écolier
Sur mon pupitre et les arbres
Sur le sable sur la neige
J'écris ton nom

Sur toutes les pages lues
Sur toutes les pages blanches
Pierre sang papier ou cendre
J'écris ton nom

Sur les images dorées
10   Sur les armes des guerriers
Sur la couronne des rois
J'écris ton nom

Sur la jungle et le désert
Sur les nids sur les genêts
Sur l'écho de mon enfance
J'écris ton nom

Sur les merveilles des nuits
Sur le pain blanc des journées
Sur les saisons fiancées
20   J'écris ton nom

Sur tous mes chiffons d'azur
Sur l'étang soleil moisi
Sur le lac lune vivante
J'écris ton nom

Sur les champs sur l'horizon
Sur les ailes des oiseaux
Et sur le moulin des ombres
J'écris ton nom

Sur chaque bouffée d'aurore
30 Sur la mer sur les bateaux
Sur la montagne démente
J'écris ton nom

Sur la mousse des nuages
Sur les sueurs de l'orage
Sur la pluie épaisse et fade
J'écris ton nom

Sur les formes scintillantes
Sur les cloches des couleurs
Sur la vérité physique
40 J'écris ton nom …

Sur la vitre des surprises
Sur les lèvres attentives
Bien au-dessus du silence
J'écris ton nom

Sur l'absence sans désirs
Sur la solitude nue
Sur les marches de la mort
J'écris ton nom

Sur la santé revenue
50 Sur le risque disparu
Sur l'espoir sans souvenir
'écris ton nom

Et par le pouvoir d'un mot
Je recommence ma vie
Je suis né pour te connaître
Pour te nommer

Liberté.

Poésie et vérité

Éluard
(1895-1952)

La courbe de tes yeux

La courbe de tes yeux fait le tour de mon coeur,
Un rond de danse et de douceur,
Auréole du temps, berceau nocturne et sûr,
Et si je ne sais plus tout ce que j'ai vécu
5   C'est que tes yeux ne m'ont pas toujours vu.

Feuilles de jour et mousse de rosée,
Roseaux du vent, sourires parfumés,
Ailes couvrant le monde de lumière,
Bateaux chargés du ciel et de la mer,
10   Chasseurs des bruits et sources des couleurs,

Parfums éclos d'une couvée d'aurores
Qui gît toujours sur la paille des astres,
Comme le jour dépend de l'innocence
Le monde entier dépend de tes yeux purs
15   Et tout mon sang coule dans leurs regards.

Capitale de la douleur

Théophile Gautier
(1811-1872)

Le Sonnet

À maître Claudius Popelin, émailleur et poète

Sonnet III

Les quatrains du Sonnet sont de bons chevaliers
Crêtés de lambrequins, plastronnés d'armoiries,
Marchant à pas égaux le long des galeries
4   Ou veillant, lance au poing, droits contre les piliers.

Mais une dame attend au bas des escaliers ;
Sous son capuchon brun, comme dans les féeries,
On voit confusément luire les pierreries ;
8   Ils la vont recevoir, graves et réguliers.

Pages de satin blanc, à la housse bouffante,
Les tercets, plus légers, la prennent à leur tour
11   Et jusqu'aux pieds du Roi conduisent cette infante.

Là, relevant son voile, apparaît triomphante
La *Belle*, la *Diva*, digne qu'avec amour
14   Claudius, sur l'émail en trace le contour.

Dernières poésies

Théophile Gautier
(1811-1872)

Fumée

Là-bas, sous les arbres s'abrite
Une chaumière au dos bossu;
Le toit penche, le mur s'effrite,
4   Le seuil de la porte est moussu.

La fenêtre, un volet la bouche;
Mais du taudis, comme au temps froid
La tiède haleine d'une bouche,
8   La respiration se voit.

Un tire-bouchon de fumée,
Tournant son mince filet bleu,
De l'âme en ce bouge enfermée
12   Porte des nouvelles à Dieu.

Émaux et camées

Théophile Gautier
(1811-1872)

Le pin des Landes

On ne voit en passant par les Landes désertes,
Vrai Sahara français, poudré de sable blanc,
Surgir de l'herbe sèche et des flaques d'eaux vertes
4   D'autre arbre que le pin avec sa plaie au flanc ;

Car, pour lui dérober ses larmes de résine,
L'homme, avare bourreau de la création,
Qui ne vit qu'aux dépens de ce qu'il assassine,
8   Dans son tronc douloureux ouvre un large sillon !

Sans regretter son sang qui coule goutte à goutte,
Le pin verse son baume et sa sève qui bout,
Et se tient toujours droit sur le bord de la route,
12   Comme un soldat blessé qui veut mourir debout.

Le poète est ainsi dans les Landes du monde ;
Lorsqu'il est sans blessure, il garde son trésor.
Il faut qu'il ait au cœur une entaille profonde
16   Pour épancher ses vers, divines larmes d'or !

España

Gautier
(1811-1872)

L'Art

Oui, l'œuvre sort plus belle
D'une forme au travail
    Rebelle,
4   Vers, marbre, onyx, émail.

Point de contraintes fausses !
Mais que pour marcher droit
    Tu chausses,
8   Muse, un cothurne étroit !

Fi du rythme commode,
Comme un soulier trop grand,
    Du mode
12 Que tout pied quitte et prend !

Statuaire, repousse
L'argile que pétrit
    Le pouce
16 Quand flotte ailleurs l'esprit:

Lutte avec le carrare,
Avec le paros dur
    Et rare,
20 Gardiens du contour pur;

Emprunte à Syracuse
Son bronze où fermement
    S'accuse
24 Le trait fier et charmant;

D'une main délicate
Poursuis dans un filon
    D'agate
28   Le profil d'Apollon.

Peintre, fuis l'aquarelle,
Et fixe la couleur
    Trop frêle
32   Au four de l'émailleur;

Fais les sirènes bleues,
Tordant de cent façons
    Leurs queues,
36   Les monstres des blasons;

Dans son nimbe trilobe
La Vierge et son Jésus,
    Le globe
40   Avec la croix dessus.

Tout passe. — L'art robuste
Seul a l'éternité :
    Le buste
44   Survit à la cité,

Et la médaille austère
Que trouve un laboureur
    Sous terre
48   Révèle un empereur.

Les dieux eux-mêmes meurent.
Mais les vers souverains
    Demeurent
52   Plus forts que les airains.

Sculpte, lime, cisèle ;
Que ton rêve flottant
    Se scelle
56   Dans le bloc résistant!

Emaux et Camées

Gautier
(1811-1872)

Les Colombes

Sur le coteau, là-bas où sont les tombes,
Un beau palmier comme un panache vert
Dresse sa tête, où le soir les colombes
4   Viennent nicher et se mettre à couvert.

Mais le matin elles quittent les branches ;
Comme un collier qui s'égrène, on les voit
S'éparpiller dans l'air bleu, toutes blanches,
8   Et se poser plus loin sur quelque toit.

Mon âme est l'arbre où tous les soirs, comme elles,
De blancs essaims de folles visions
Tombent des cieux en palpitant des ailes,
12   Pour s'envoler dès les premiers rayons.

La Comédie de la mort

Edmond Haraucourt
(1856-1942)

Sonnet pointu

Reviens sur moi ! Je sens ton amour qui se dresse ;
Viens. J'ouvre mon désir au tien, mon jeune amant.
Là… Tiens… Doucement… Va plus doucement…
Je sens tout au fond ta chair qui me presse.

Rythme ton ardente caresse
Au gré de mon balancement.
Ô mon âme… Lentement,
Prolongeons l'instant d'ivresse

Là… Vite! Plus longtemps!
Je fonds ! Attends
Oui… Je t'adore…

Va ! Va ! Va !
Encore !
Ha !

La légende des sexes

José Maria de Heredia
(1842-1905)

Les Conquérants

Comme un vol de gerfauts[1] hors du charnier natal,
Fatigués de porter leurs misères hautaines,
De Palos de Moguer,[2] routiers[3] et capitaines
4   Partaient, ivres d'un rêve héroïque et brutal.

Ils allaient conquérir le fabuleux métal
Que Cipango[4] mûrit[5] dans ses mines lointaines,
Et les vents alizés inclinaient leurs antennes[6]
8   Aux[7] bords mystérieux du monde occidental.

Chaque soir, espérant des lendemains épiques,
L'azur phosphorescent de la mer des Tropiques
11   Enchantait leur sommeil d'un mirage doré;

Ou penchés à l'avant des blanches caravelles,
Ils regardaient monter en un ciel ignoré
14   Du fond de l'Océan des étoiles nouvelles.

Les Trophées

[1] Grands faucons utilises au Moyen-Âge pour la chasse.
[2] C'est à Palos, avant-port de Moguer, en Andalousie, que Christophe Colomb s'embarqua en 1492.
[3] Soldats aventuriers et pillards
[4] Nom que Colomb donnait au Japon, but de son expédition (en chinois : Zippan-Khou)
[5] Selon les alchimistes, les métaux étaient une même substance plus ou moins mûrie sous la terre.
[6] Vergues qui soutenaient les voiles
[7] Vers les

Daniel Hourcade
(1916-1985)

Les Deux Mères

« - Que viens-tu faire ici ? — Je viens calmer ma rage,
Te battre, t'insulter, remonter mon courage.
Ne m'attendais-tu pas depuis qu'en haut du mont
On sacrifie ton fils pour la Crucifixion ?
5   Tu as la belle part, la reine des Apôtres :
Mon fils n'avait pas droit d'être parmi les vôtres ;
Le Tien, par ses miracles et sa prédication
Plongea Jérusalem dans la fermentation.
Ces journées de la loi furent jadis écrites.
10 Mes entrailles, hélas, furent jadis maudites.
Je frissonne en passant sous les branches des arbres.
J'ai descendu mon fils plus raide que le marbre.
Il avait à son cou serré un noir lacet
Et son pâle visage en devint violacé.
15 Pour descendre le Tien, tu avais Madeleine,
Mais je n'avais que moi pour adoucir ma peine.
Pourquoi donc Jéhovah, dans son vieux testament,
A-t-il choisi mon fils et non pas Pierre ou Jean ?
Pourquoi la prophétie des vieilles écritures
20 S'accomplit-elle enfin par cette forfaiture ? »

Et Marie silencieuse écouta longuement
La plainte désolée de cette autre maman,
Dont les larmes versées, coupées de longs sanglots,
Soulagent quelque part son horrible fardeau.
25 Marie bouleversée par cette affreuse angoisse
Depuis cet entretien, un coin de châle froisse.
Enfin, n'y tenant plus, elle vient en deux pas
Presser contre son cœur la maman de Judas.

Poésies

119

Hugo
(1802-1885)

Ce siècle avait 2 ans

Ce siècle avait deux ans ! Rome remplaçait Sparte,
Déjà Napoléon perçait sous Bonaparte,
Et du premier consul, déjà, par maint endroit,
Le front de l'empereur brisait le masque étroit.
Alors dans Besançon, vieille ville espagnole,
Jeté comme la graine au gré de l'air qui vole,
Naquit d'un sang breton et lorrain à la fois
Un enfant sans couleur, sans regard et sans voix ;
Si débile qu'il fut, ainsi qu'une chimère,
10 Abandonné de tous, excepté de sa mère,
Et que son cou ployé comme un frêle roseau
Fit faire en même temps sa bière et son berceau.
Cet enfant que la vie effaçait de son livre,
Et qui n'avait pas même un lendemain à vivre,
C'est moi. –

Je vous dirai peut-être quelque jour
Quel lait pur, que de soins, que de voeux, que d'amour,
Prodigués pour ma vie en naissant condamnée,
M'ont fait deux fois l'enfant de ma mère obstinée,
Ange qui sur trois fils attachés à ses pas
20 Épandait son amour et ne mesurait pas !
Ô l'amour d'une mère !Amour que nul n'oublie !
Pain merveilleux qu'un dieu partage et multiplie !
Table toujours servie au paternel foyer !
Chacun en a sa part et tous l'ont tout entier !

Je pourrai dire un jour, lorsque la nuit douteuse
Fera parler les soirs ma vieillesse conteuse,
Comment ce haut destin de gloire et de terreur

120

Qui remuait le monde aux pas de l'empereur,
Dans son souffle orageux m'emportant sans défense,
30 A tous les vents de l'air fit flotter mon enfance.
Car, lorsque l'aquilon bat ses flots palpitants,
L'océan convulsif tourmente en même temps
Le navire à trois ponts qui tonne avec l'orage,
Et la feuille échappée aux arbres du rivage !

Maintenant, jeune encore et souvent éprouvé,
J'ai plus d'un souvenir profondément gravé,
Et l'on peut distinguer bien des choses passées
Dans ces plis de mon front que creusent mes pensées.
Certes, plus d'un vieillard sans flamme et sans cheveux,
40 Tombé de lassitude au bout de tous ses voeux,
Pâlirait s'il voyait, comme un gouffre dans l'onde,
Mon âme où ma pensée habite, comme un monde,
Tout ce que j'ai souffert, tout ce que j'ai tenté,
Tout ce qui m'a menti comme un fruit avorté,
Mon plus beau temps passé sans espoir qu'il renaisse,
Les amours, les travaux, les deuils de ma jeunesse,
Et quoiqu'encore à l'âge où l'avenir sourit,
Le livre de mon coeur à toute page écrit !

D'ailleurs j'ai purement passé les jours mauvais,
50 Et je sais d'où je viens, si j'ignore où je vais.
L'orage des partis avec son vent de flamme
Sans en altérer l'onde a remué mon âme.
Rien d'immonde en mon coeur, pas de limon impur
Qui n'attendît qu'un vent pour en troubler l'azur !

Après avoir chanté, j'écoute et je contemple,
A l'empereur tombé dressant dans l'ombre un temple,
Aimant la liberté pour ses fruits, pour ses fleurs,
Le trône pour son droit, le roi pour ses malheurs ;
Fidèle enfin au sang qu'ont versé dans ma veine
60 Mon père vieux soldat, ma mère vendéenne !

Les Feuilles d'automne

121

Victor Hugo
(1802-1885)

Demain, dès l'aube…[1]

Demain, dès l'aube, à l'heure où blanchit la campagne,
Je partirai. Vois-tu, je sais que tu m'attends.
J'irai par la forêt, j'irai par la montagne.
4   Je ne puis demeurer loin de toi plus longtemps.

Je marcherai les yeux fixés sur mes pensées,
Sans rien voir au dehors, sans entendre aucun bruit,
Seul, inconnu, le dos courbé, les mains croisées,
8   Triste, et le jour pour moi sera comme la nuit.

Je ne regarderai ni l'or du soir qui tombe,
Ni les voiles au loin descendant vers Harfleur, [2]
Et quand j'arriverai, je mettrai sur ta tombe
12   Un bouquet de houx vert et de bruyère en fleur.

Les Contemplations

[1] type de poésie lyrique, fortement élégiaque
[2] Port normand près de l'embouche de la Seine

122

Hugo
(1802-1885)

Elle avait pris ce pli…

Elle avait pris ce pli dans son âge enfantin
De venir dans ma chambre un peu chaque matin;
Je l'attendais ainsi qu'un rayon qu'on espère;
Elle entrait et disait : -Bonjour, mon petit père;-
5 Prenait ma plume, ouvrait mes livres, s'asseyait
Sur mon lit, dérangeait mes papiers, et riait,
Puis soudain s'en allait comme un oiseau qui passe.
Alors, je reprenais, la tête un peu moins lasse,
Mon oeuvre interrompue, et, tout en écrivant,
10 Parmi mes manuscrits je rencontrais souvent
Quelque arabesque folle et qu'elle avait tracée,
Et mainte page blanche entre ses mains froissée
Où, je ne sais comment, venaient mes plus doux vers.
Elle aimait Dieu, les fleurs, les astres, les prés verts,
15 Et c'était un esprit avant d'être une femme.
Son regard reflétait la clarté de son âme.
Elle me consultait sur tout à tous les moments.
Oh! que de soirs d'hiver radieux et charmants,
Passés à raisonner langue, histoire et grammaire,
20 Mes quatre enfants groupés sur mes genoux, leur mère
Tout près, quelques amis causant au coin du feu!
J'appelais cette vie être content de peu!
Et dire qu'elle est morte! hélas! que Dieu m'assiste!
Je n'étais jamais gai quand je la sentais triste;
25 J'étais morne au milieu du bal le plus joyeux
Si j'avais, en partant, vu quelque ombre en ses yeux.

Les Contemplations

123

Hugo
(1802-1885)

La Conscience

Lorsque avec ses enfants vêtus de peaux de bêtes,
Échevelé, livide au milieu des tempêtes,
Caïn se fut enfui de devant Jéhovah,
Comme le soir tombait, l'homme sombre arriva
5   Au bas d'une montagne en une grande plaine ;
Sa femme fatiguée et ses fils hors d'haleine
Lui dirent : « Couchons-nous sur la terre, et dormons. »
Caïn, ne dormant pas, songeait au pied des monts.
Ayant levé la tête, au fond des cieux funèbres,
10   Il vit un œil, tout grand ouvert dans les ténèbres,
Et qui le regardait dans l'ombre fixement…
Il marcha trente jours, il marcha trente nuits.
Il allait, muet, pâle et frémissant aux bruits,
Furtif, sans regarder derrière lui, sans trêve,
15   Sans repos, sans sommeil ; il atteignit la grève
Des mers dans le pays qui fut depuis Assur.
« Arrêtons-nous, dit-il, car cet asile est sûr.
Restons-y. Nous avons du monde atteint les bornes. »
Et, comme il s'asseyait, il vit dans les cieux mornes
20   L'œil à la même place au fond de l'horizon.
Alors il tressaillit en proie au noir frisson.
« Cachez-moi ! » cria-t-il ; et, le doigt sur la bouche,
Tous ses fils regardaient trembler l'aïeul farouche.
Caïn dit à Jabel, père de ceux qui vont
25   Sous des tentes de poil dans le désert profond :
« Étends de ce côté la toile de la tente. »
Et l'on développa la muraille flottante ;
Et, quand on l'eût fixée avec des poids de plomb,
« Vous ne voyez plus rien ? » dit Tsilla, l'enfant blond,
30   La fille de ses fils, douce comme l'aurore ;

Et Caïn répondit : « Je vois cet œil encore ! »
Jubal, père de ceux qui passent dans les bourgs
Soufflant dans des clairons et frappant des tambours,
Cria : « Je saurai bien construire une barrière. »
35 Il fit un mur de bronze et mit Caïn derrière.
Et Caïn dit : « Cet œil me regarde toujours ! »
Hénoch dit : « Il faut faire une enceinte de tours
Si terrible, que rien ne puisse approcher d'elle.
Bâtissons une ville avec sa citadelle,
40 Bâtissons une ville, et nous la fermerons. »
Alors Tubalcaïn, père des forgerons,
Construisit une ville énorme et surhumaine.
Pendant qu'il travaillait, ses frères, dans la plaine,
Chassaient les fils d'Énos et les enfants de Seth ;
45 Et l'on crevait les yeux à quiconque passait ;
Et, le soir, on lançait des flèches aux étoiles.
Le granit remplaça la tente aux murs de toiles,
On lia chaque bloc avec des nœuds de fer,
Et la ville semblait une ville d'enfer ;
50 L'ombre des tours faisait la nuit dans les campagnes ;
Ils donnèrent aux murs l'épaisseur des montagnes ;
Sur la porte on grava : « Défense à Dieu d'entrer. »
Quand ils eurent fini de clore et de murer,
On mit l'aïeul au centre en une tour de pierre ;
55 Et lui restait lugubre et hagard. Ô mon père !
L'œil a-t-il disparu ? » dit en tremblant Tsilla.
Et Caïn répondit : « Non, il est toujours là. »
Alors il dit : « Je veux habiter sous la terre
Comme dans son sépulcre un homme solitaire ;
60 Rien ne me verra plus, je ne verrai plus rien. »
On fit donc une fosse, et Caïn dit : « C'est bien ! »
Puis il descendit seul sous cette voûte sombre ;
Quand il se fut assis sur sa chaise dans l'ombre
Et qu'on eut sur son front fermé le souterrain,
65 L'œil était dans la tombe et regardait Caïn.

La Légende des siècles

Hugo
(1802-1885)

Le Manteau impérial

… Chastes buveuses de rosée,
Qui, pareilles à l'épousée,
Visitez le lys du coteau,
Ô soeurs des corolles vermeilles,
Filles de la lumière, abeilles,
6   Envolez-vous de ce manteau !

Ruez-vous sur l'homme, guerrières !
Ô généreuses ouvrières,
Vous le devoir, vous la vertu,
Ailes d'or et flèches de flamme,
Tourbillonnez sur cet infâme !
12   Dites-lui : « Pour qui nous prends-tu ? »

» Maudit ! nous sommes les abeilles !
Des chalets ombragés de treilles
Notre ruche orne le fronton ;
Nous volons, dans l'azur écloses,
Sur la bouche ouverte des roses
18   Et sur les lèvres de Platon.

» Ce qui sort de la fange y rentre.
Va trouver Tibère en son antre,
Et Charles neuf sur son balcon.
Va ! sur ta pourpre il faut qu'on mette,
Non les abeilles de l'Hymette,
24   Mais l'essaim noir de Montfaucon !»

Et percez-le toutes ensemble,
Faites honte au peuple qui tremble,
Aveuglez l'immonde trompeur,
Acharnez-vous sur lui, farouches,
Et qu'il soit chassé par les mouches
30   Puisque les hommes en ont peur !

Les Châtiments

Victor Hugo
(1802-1885)

Le Mendiant

Un pauvre homme passait dans le givre et le vent.
Je cognai sur ma vitre ; il s'arrêta devant
Ma porte, que j'ouvris d'une façon civile.
Les ânes revenaient du marché de la ville,
5   Portant les paysans accroupis sur leurs bâts.
C'était le vieux qui vit dans une niche au bas
De la montée, et rêve, attendant, solitaire,
Un rayon du ciel triste, un liard de la terre,
Tendant les mains pour l'homme et les joignant pour Dieu.
10 Je lui criai : « Venez vous réchauffer un peu.
Comment vous nommez-vous ? » Il me dit : « Je me nomme
Le pauvre. » Je lui pris la main : « Entrez, brave homme. »
Et je lui fis donner une jatte de lait.
Le vieillard grelottait de froid ; il me parlait,
15 Et je lui répondais, pensif et sans l'entendre.
« Vos habits sont mouillés », dis-je, « il faut les étendre,
Devant la cheminée. » Il s'approcha du feu.
Son manteau, tout mangé des vers, et jadis bleu,
Étalé largement sur la chaude fournaise,
20 Piqué de mille trous par la lueur de braise,
Couvrait l'âtre, et semblait un ciel noir étoilé.
Et, pendant qu'il séchait ce haillon désolé
D'où ruisselait la pluie et l'eau des fondrières,
Je songeais que cet homme était plein de prières,
25 Et je regardais, sourd à ce que nous disions,
Sa bure où je voyais des constellations.

Les Contemplations

127

Victor Hugo
(1802-1885)

L'enfance

    L'enfant chantait; la mère au lit, exténuée,
    Agonisait, beau front dans l'ombre se penchant;
    La mort au-dessus d'elle errait dans la nuée;
4   Et j'écoutais ce râle, et j'entendais ce chant.

    L'enfant avait cinq ans, et, près de la fenêtre,
    Ses rires et ses jeux faisaient un charmant bruit;
    Et la mère, à côté de ce pauvre doux être
8   Qui chantait tout le jour, toussait toute la nuit.

    La mère alla dormir sous les dalles du cloître;
    Et le petit enfant se remit à chanter... -
    La douleur est un fruit: Dieu ne le fait pas croître
12   Sur la branche trop faible encor pour le porter.

Les Contemplations

128

Hugo
(1802-1885)

L'enfant

Les Turcs ont passé là. Tout est ruine et deuil.
Chio, l'île des vins, n'est plus qu'un sombre écueil,
Chio, qu'ombrageaient les charmilles,
Chio, qui dans les flots reflétait ses grands bois,
Ses coteaux, ses palais, et le soir quelquefois
6   Un chœur dansant de jeunes filles.

Tout est désert. Mais non ; seul près des murs noircis,
Un enfant aux yeux bleus, un enfant grec, assis,
Courbait sa tête humiliée ;
Il avait pour asile, il avait pour appui
Une blanche aubépine, une fleur, comme lui
12   Dans le grand ravage oubliée.

Ah ! pauvre enfant, pieds nus sur les rocs anguleux !
Hélas ! pour essuyer les pleurs de tes yeux bleus
Comme le ciel et comme l'onde,
Pour que dans leur azur, de larmes orageux,
Passe le vif éclair de la joie et des jeux,
18   Pour relever ta tête blonde,

Que veux-tu ? Bel enfant, que te faut-il donner
Pour rattacher gaîment et gaîment ramener
En boucles sur ta blanche épaule
Ces cheveux, qui du fer n'ont pas subi l'affront,
Et qui pleurent épars autour de ton beau front,
24   Comme les feuilles sur le saule ? …

Veux-tu, pour me sourire, un bel oiseau des bois,
Qui chante avec un chant plus doux que le hautbois,
Plus éclatant que les cymbales ?
Que veux-tu ? fleur, beau fruit, ou l'oiseau merveilleux ?
- Ami, dit l'enfant grec, dit l'enfant aux yeux bleus,
30   Je veux de la poudre et des balles.

Les Orientales

129

Victor Hugo
(1802-1885)

L'Expiation [1]

Il neigeait. On était vaincu par sa conquête. [2]
Pour la première fois l'aigle baissait la tête.
Sombres jours ! l'empereur revenait lentement,
Laissant derrière lui brûler Moscou fumant.
5   Il neigeait. L'âpre hiver fondait en avalanche.
Après la plaine blanche une autre plaine blanche.
On ne connaissait plus les chefs ni le drapeau.
Hier la grande armée, et maintenant troupeau.
On ne distinguait plus les ailes ni le centre :
10   Il neigeait. Les blessés s'abritaient dans le ventre
Des chevaux morts ; au seuil des bivouacs désolés
On voyait des clairons à leur poste gelés
Restés debout, en selle et muets, blancs de givre,
Collant leur bouche en pierre aux trompettes de cuivre.
15   Boulets, mitraille, obus, mêlés aux flocons blancs,
Pleuvaient : les grenadiers, surpris d'être tremblants,
Marchaient pensifs, la glace à leur moustache grise.
Il neigeait, il neigeait toujours ! la froide bise
Sifflait ; sur le verglas, dans des lieux inconnus,
20   On n'avait pas de pain et l'on allait pieds nus.
Ce n'étaient plus des cœurs vivants, des gens de guerre ;
C'était un rêve errant dans la brume, un mystère,
Une procession d'ombres sur le ciel noir.
La solitude, vaste, épouvantable à voir,
25   Partout apparaissait, muette vengeresse.
Le ciel faisait sans bruit avec la neige épaisse
Pour cette immense armée un immense linceul ;
Et, chacun se sentant mourir, on était seul.

Les Châtiments

[1] Type de poésie épique.
[2] Ce poème relate la retraite de Russie de Napoléon.

Hugo
(1802-1885)

Aux Feuillantines

Mes deux frères et moi, nous étions tout enfants.
Notre mère disait : — Jouez, mais je défends
3   Qu'on marche dans les fleurs et qu'on monte aux échelles.

Abel était l'aîné, j'étais le plus petit.
Nous mangions notre pain de si bon appétit,
6   Que les femmes riaient quand nous passions près d'elles.

Nous montions pour jouer au grenier du couvent.
Et, là, tout en jouant, nous regardions souvent,
9   Sur le haut d'une armoire, un livre inaccessible.

Nous grimpâmes un jour jusqu'à ce livre noir ;
Je ne sais pas comment nous fîmes pour l'avoir,
12   Mais je me souviens bien que c'était une Bible.

Ce vieux livre sentait une odeur d'encensoir.
Nous allâmes ravis dans un coin nous asseoir ;
15   Des estampes partout ! quel bonheur ! quel délire !

Nous l'ouvrîmes alors tout grand sur nos genoux,
Et, dès le premier mot, il nous parut si doux,
18   Qu'oubliant de jouer, nous nous mîmes à lire.

Nous lûmes tous les trois ainsi tout le matin,
Joseph, Ruth et Booz, le bon Samaritain,
21   Et, toujours plus charmés, le soir nous le relûmes.

Tels des enfants, s'ils ont pris un oiseau des cieux,
S'appellent en riant et s'étonnent, joyeux,
24   De sentir dans leur main la douceur de ses plumes.

Les Contemplations

131

Hugo
(1802-1885)

Lorsque l'enfant paraît...

Le toit s'égaie et rit.
André Chénier

Lorsque l'enfant paraît, le cercle de famille
Applaudit à grands cris ; son doux regard qui brille
Fait briller tous les yeux,
Et les plus tristes fronts, les plus souillés peut-être,
Se dérident soudain à voir l'enfant paraître,
6   Innocent et joyeux.

Soit que juin ait verdi mon seuil, ou que novembre
Fasse autour d'un grand feu vacillant dans la chambre
Les chaises se toucher,
Quand l'enfant vient, la joie arrive et nous éclaire.
On rit, on se récrie, on l'appelle, et sa mère
12   Tremble à le voir marcher.

Quelquefois nous parlons, en remuant la flamme,
De patrie et de Dieu, des poètes, de l'âme
Qui s'élève en priant ;
L'enfant paraît, adieu le ciel et la patrie
Et les poëtes saints ! la grave causerie
18   S'arrête en souriant.

La nuit, quand l'homme dort, quand l'esprit rêve, à l'heure
Où l'on entend gémir, comme une voix qui pleure,
L'onde entre les roseaux,
Si l'aube tout à coup là-bas luit comme un phare,
Sa clarté dans les champs éveille une fanfare
24   De cloches et d'oiseaux !

Enfant, vous êtes l'aube et mon âme est la plaine
Qui des plus douces fleurs embaume son haleine
Quand vous la respirez ;
Mon âme est la forêt dont les sombres ramures
S'emplissent pour vous seul de suaves murmures
30   Et de rayons dorés !

Car vos beaux yeux sont pleins de douceurs infinies,
Car vos petites mains, joyeuses et bénies
N'ont point mal fait encor ;
Jamais vos jeunes pas n'ont touché notre fange ;
Tête sacrée ! enfant aux cheveux blonds ! bel ange
36   À l'auréole d'or !

Vous êtes parmi nous la colombe de l'arche.
Vos pieds tendres et purs n'ont point l'âge où l'on marche ;
Vos ailes sont d'azur.
Sans le comprendre encor, vous regardez le monde.
Double virginité ! corps où rien n'est immonde,
42   Âme où rien n'est impur !

Il est si beau, l'enfant, avec son doux sourire,
Sa douce bonne foi, sa voix qui veut tout dire,
Ses pleurs vite apaisés,
Laissant errer sa vue étonnée et ravie,
Offrant de toutes parts sa jeune âme à la vie
48   Et sa bouche aux baisers !

Seigneur ! préservez-moi, préservez ceux que j'aime,
Frères, parents, amis, et mes ennemis même
Dans le mal triomphants,
De jamais voir, Seigneur ! l'été sans fleurs vermeilles,
La cage sans oiseaux, la ruche sans abeilles,
54   La maison sans enfants !

Les Feuilles d'automne

133

Hugo
(1802-1885)

OCEANO NOX

Saint-Valéry-Sur-Somme

Oh ! Combien de marins, combien de capitaines
Qui sont partis joyeux pour des courses lointaines,
Dans ce morne horizon se sont évanouis !
Combien ont disparu, dure et triste fortune !
Dans une mer sans fond, par une nuit sans lune,
6   Sous l'aveugle océan à jamais enfouis !

Combien de patrons morts avec leurs équipages !
L'ouragan de leur vie a pris toutes les pages
Et d'un souffle il a tout dispersé sur les flots !
Nul ne saura leur fin dans l'abîme plongée.
Chaque vague en passant d'un butin s'est chargée ;
12 L'une a saisi l'esquif, l'autre les matelots !

Nul ne sait votre sort, pauvres têtes perdues !
Vous roulez à travers les sombres étendues,
Heurtant de vos fronts morts des écueils inconnus.
Oh! Que de vieux parents, qui n'avaient plus qu'un rêve,
Sont morts en attendant tous les jours sur la grève
18 Ceux qui ne sont pas revenus !

On s'entretient de vous parfois dans les veillées.
Maint joyeux cercle, assis sur des ancres rouillées,
Mêle encor quelque temps vos noms d'ombre couverts
Aux rires, aux refrains, aux récits d'aventures,
Aux baisers qu'on dérobe à vos belles futures,
24 Tandis que vous dormez dans les goémons verts !

On demande : -- Où sont-ils ? Sont-ils rois dans quelque île ?
Nous ont-ils délaissés pour un bord plus fertile ? -
Puis votre souvenir même est enseveli.
Le corps se perd dans l'eau, le nom dans la mémoire.
Le temps, qui sur toute ombre en verse une plus noire,
30 Sur le sombre océan jette le sombre oubli.

Bientôt des yeux de tous votre ombre est disparue.
L'un n'a-t-il pas sa barque et l'autre sa charrue ?
Seules, durant ces nuits où l'orage est vainqueur,
Vos veuves aux fronts blancs, lasses de vous attendre,
Parlent encor de vous en remuant la cendre
36 De leur foyer et de leur coeur !

Et quand la tombe enfin a fermé leur paupière,
Rien ne sait plus vos noms, pas même une humble pierre
Dans l'étroit cimetière où l'écho nous répond,
Pas même un saule vert qui s'effeuille à l'automne,
Pas même la chanson naïve et monotone
42 Que chante un mendiant à l'angle d'un vieux pont !

Où sont-ils, les marins sombrés dans les nuits noires ?
Ô flots, que vous savez de lugubres histoires !
Flots profonds redoutés des mères à genoux !
Vous vous les racontez en montant les marées,
Et c'est ce qui vous fait ces voix désespérées
48 Que vous avez le soir quand vous venez vers nous!

Les Rayons et les ombres

135

Hugo
(1802-1885)

On vit, on parle…

On vit, on parle, on a le ciel et les nuages
Sur la tête ; on se plaît aux livres des vieux sages ;
On lit Virgile et Dante ; on va joyeusement
En voiture publique à quelque endroit charmant,
5   En riant aux éclats de l'auberge et du gîte ;
Le regard d'une femme en passant vous agite ;
On aime, on est aimé, bonheur qui manque aux rois !
On écoute le chant des oiseaux dans les bois
Le matin, on s'éveille, et toute une famille
10   Vous embrasse, une mère, une soeur, une fille !
On déjeune en lisant son journal. Tout le jour
On mêle à sa pensée espoir, travail, amour ;
La vie arrive avec ses passions troublées ;
On jette sa parole aux sombres assemblées ;
15   Devant le but qu'on veut et le sort qui vous prend,
On se sent faible et fort, on est petit et grand ;
On est flot dans la foule, âme dans la tempête ;
Tout vient et passe ; on est en deuil, on est en fête ;
On arrive, on recule, on lutte avec effort... –
20   Puis, le vaste et profond silence de la mort !

Les Contemplations

Hugo
(1802-1885)

Puisque mai tout en fleurs …

Puisque mai tout en fleurs dans les prés nous réclame,
Viens ! ne te lasse pas de mêler à ton âme
La campagne, les bois, les ombrages charmants,
Les larges clairs de lune au bord des flots dormants,
5   Le sentier qui finit où le chemin commence,
Et l'air et le printemps et l'horizon immense,
L'horizon que ce monde attache humble et joyeux
Comme une lèvre au bas de la robe des cieux !
Viens ! et que le regard des pudiques étoiles
10   Qui tombe sur la terre à travers tant de voiles,
Que l'arbre pénétré de parfums et de chants,
Que le souffle embrasé de midi dans les champs,
Et l'ombre et le soleil et l'onde et la verdure,
Et le rayonnement de toute la nature
15   Fassent épanouir, comme une double fleur,
La beauté sur ton front et l'amour dans ton cœur !

Les Chants du crépuscule

Victor Hugo
(1802-1885)

Ultima verba [1]

La conscience humaine est morte ; dans l'orgie,
Sur elle il s'accroupit ; ce cadavre lui plaît ;
Par moments, gai, vainqueur, la prunelle rougie,
4   Il se retourne et donne à la morte un soufflet.

La prostitution du juge est la ressource.
Les prêtres font frémir l'honnête homme éperdu ;
Dans le champ du potier ils déterrent la bourse ;
8   Sibour revend le Dieu que Judas a vendu.

Ils disent : - César règne, et le Dieu des armées
L'a fait son élu. Peuple, obéis ! tu le dois.
Pendant qu'ils vont chantant, tenant leurs mains fermées,
12   On voit le sequin d'or qui passe entre leurs doigts.

Oh ! tant qu'on le verra trôner, ce gueux, ce prince, [2]
Par le pape béni, monarque malandrin,
Dans une main le sceptre et dans l'autre la pince,
16   Charlemagne taillé par Satan dans Mandrin ;

Tant qu'il se vautrera broyant dans ses mâchoires
Le serment, la vertu, l'honneur religieux ;
Ivre, affreux, vomissant sa honte sur nos gloires ;
20   Tant qu'on verra cela sous le soleil des cieux ;

Quand même grandirait l'abjection publique
A ce point d'adorer l'exécrable trompeur ;
Quand même l'Angleterre et même l'Amérique
24   Diraient à l'exilé : - Va-t-en ! nous avons peur ! …

Je ne fléchirai pas ! Sans plainte dans la bouche,
Calme, le deuil au cœur, dédaignant le troupeau,
Je vous embrasserai dans mon exil farouche,

138

28   Patrie, ô mon autel ! liberté, mon drapeau ! …

Je serai, sous le sac de cendre qui me couvre,
La voix qui dit : malheur ! la bouche qui dit : non
Tandis que tes valets te montreront ton Louvre,
32   Moi, je te montrerai, César, ton cabanon.

Devant les trahisons et les têtes courbées,
Je croiserai les bras, indigné, mais serein.
Sombre fidélité pour les choses tombées,
36   Sois ma force et ma joie et mon pilier d'airain !

Oui, tant qu'il sera là qu'on cède ou qu'on persiste,
O France ! France aimée et qu'on pleure toujours,
Je ne reverrai pas ta terre douce et triste,
40   Tombeau de mes aïeux et nid de mes amours !

Je ne reverrai pas ta rive qui nous tente,
France ! hors le devoir, hélas ! j'oublierai tout.
Parmi les éprouvés je planterai ma tente :
44   Je resterai proscrit voulant rester debout.

J'accepte l'âpre exil, n'eût-il ni fin ni terme ;
Sans chercher à savoir et sans considérer
Si quelqu'un a plié qu'on aurait cru plus ferme,
48   Et si plusieurs s'en vont qui devraient demeurer.

Si l'on n'est plus que mille, eh bien, j'en suis ! Si même
Ils ne sont plus que cent, je brave encor Sylla ;
S'il en demeure dix, je serai le dixième ;
52   Et s'il n'en reste qu'un, je serai celui-là !

Jersey, 2 décembre 1852

Les Contemplations

---

[1] Type de poésie satirique.
[2] Il s'agit de l'Empereur Napoléon III qui a pris le pouvoir par la force.

Philippe Jaccottet
(1925-)

Sois tranquille, cela viendra ! …

Sois tranquille, cela viendra ! Tu te rapproches,
tu brûles ! Car le mot qui sera à la fin
du poème, plus que le premier sera proche
4   de ta mort, qui ne s'arrête pas en chemin.

Ne crois pas qu'elle aille s'endormir sous des branches
ou reprendre souffle pendant que tu écris.
Même quand tu bois à la bouche qui étanche
8   la pire soif, la douce bouche avec ses cris

doux, même quand tu serres avec force le nœud
de vos quatre bras pour être bien immobiles
11   dans la brûlante obscurité de vos cheveux,

elle vient, Dieu sait par quels détours, vers vous deux,
de très loin ou déjà tout près, mais sois tranquille,
14   elle vient : d'un à l'autre mot tu es plus vieux.

L'effraie

La Fontaine
(1621-1695)

La Cigale et la fourmi

La Cigale ayant chanté
Tout l'Eté,
Se trouva fort dépourvue[1]
Quand la bise[2] fut venue.
5   Pas un seul petit morceau
De mouche ou de vermisseau[3].
Elle alla crier famine[4]
Chez la Fourmi sa voisine,
La priant de lui prêter
10   Quelque grain pour subsister[5]
Jusqu'à la saison nouvelle[6].
Je vous paierai, lui dit-elle,
Avant l'Oût[7], foi d'animal,
Intérêt et principal[8].
15   La Fourmi n'est pas prêteuse;
C'est là son moindre défaut.
  "Que faisiez-vous au temps chaud?
Dit-elle à cette emprunteuse.
  —Nuit et jour à tout venant[9]
20   Je chantais, ne vous déplaise.
  —Vous chantiez? j'en suis fort aise.
Eh bien! dansez maintenant.

Fables

1. dépourvu: qui n'a pas ce qu'il faut pour vivre
2. le vent du nord, qui annonce l'hiver
3. vermisseau: petit ver de terre
4. crier famine: se plaindre de la faim.
5. subsister: survivre
6. la saison nouvelle: le printemps
7. Oût: août, le mois des moissons
8. le principal: le capital
9. à tout venant: au premier venu

La Fontaine
(1621-1695)

Le Loup et l'Agneau

La raison du plus fort est toujours la meilleure :
Nous l'allons montrer tout à l'heure.
Un Agneau se désaltérait
Dans le courant d'une onde pure.
5   Un Loup survient à jeun qui cherchait aventure,
Et que la faim en ces lieux attirait.
Qui te rend si hardi de troubler mon breuvage ?
Dit cet animal plein de rage :
Tu seras châtié de ta témérité.
10   — Sire, répond l'Agneau, que votre Majesté
Ne se mette pas en colère ;
Mais plutôt qu'elle considère
Que je me vas désaltérant
Dans le courant,
15   Plus de vingt pas au-dessous d'Elle,
Et que par conséquent, en aucune façon,
Je ne puis troubler sa boisson.
—Tu la troubles, reprit cette bête cruelle,
Et je sais que de moi tu médis l'an passé.
20   —Comment l'aurais-je fait si je n'étais pas né ?
Reprit l'Agneau, je tette encor ma mère.
— Si ce n'est toi, c'est donc ton frère.
— Je n'en ai point. — C'est donc quelqu'un des tiens :
Car vous ne m'épargnez guère,
25   Vous, vos bergers, et vos chiens.
On me l'a dit : il faut que je me venge.
Là-dessus, au fond des forêts
Le Loup l'emporte, et puis le mange,
Sans autre forme de procès.

Fables

La Fontaine
(1621-1695)

Le Vieillard et les trois jeunes hommes

Un octogénaire plantait.
Passe encor de bâtir, mais planter à cet âge !
Disaient trois jouvenceaux, enfants du voisinage :
Assurément il radotait.
5   Car, au nom des dieux, je vous prie,
Quel fruit de ce labeur pouvez-vous recueillir ?
Autant qu'un patriarche il vous faudrait vieillir.
A quoi bon charger votre vie
Des soins d'un avenir qui n'est pas fait pour vous ?
10 Ne songez désormais qu'à vos erreurs passées ;
Quittez le long espoir et les vastes pensées ;
Tout cela ne convient qu'à nous.
      — Il ne convient pas à vous-mêmes,
Repartit le vieillard. Tout établissement
15 Vient tard, et dure peu. La main des Parques blêmes
De vos jours et des miens se joue également.
Nos termes sont pareils par leur courte durée.
Qui de nous des clartés de la voûte azurée
Doit jouir le dernier ? Est-il aucun moment
20 Qui vous puisse assurer d'un second seulement ?
Mes arrière-neveux me devront cet ombrage :
Eh bien ! défendez-vous au sage
De se donner des soins pour le plaisir d'autrui ?
Cela même est un fruit que je goûte aujourd'hui :
25 J'en puis jouir demain, et quelques jours encore ;
Je puis enfin compter l'aurore
Plus d'une fois sur vos tombeaux.
Le Vieillard eut raison : l'un des trois jouvenceaux
Se noya dès le port, allant à l'Amérique ;
30 L'autre, afin de monter aux grandes dignités,
Dans les emplois de Mars servant la république,
Par un coup imprévu vit ses jours emportés ;
Le troisième tomba d'un arbre
Que lui-même il voulut enter ;
35 Et, pleurés du vieillard, il grava sur leur marbre
Ce que je viens de raconter.   *Fables*

La Fontaine
(1621-1695)

Les deux Pigeons

Deux Pigeons s'aimaient d'amour tendre.
L'un d'eux s'ennuyant au logis
Fut assez fou pour entreprendre
Un voyage en lointain pays.
5   L'autre lui dit : Qu'allez-vous faire ?
Voulez-vous quitter votre frère ?
L'absence est le plus grand des maux :
Non pas pour vous, cruel. Au moins, que les travaux,
Les dangers, les soins du voyage,
10   Changent un peu votre courage
Encor si la saison s'avançait davantage !
Attendez les zéphyrs. Qui vous presse ? Un corbeau
Tout à l'heure annonçait malheur à quelque oiseau.
Je ne songerai plus que rencontre funeste,
15   Que Faucons, que réseaux. Hélas, dirai-je, il pleut :
Mon frère a-t-il tout ce qu'il veut,
Bon soupé, bon gîte, et le reste ?
Ce discours ébranla le cœur
De notre imprudent voyageur ;
20   Mais le désir de voir et l'humeur inquiète
L'emportèrent enfin. Il dit : Ne pleurez point :
Trois jours au plus rendront mon âme satisfaite ;
Je reviendrai dans peu conter de point en point
Mes aventures à mon frère.
25   Je le désennuierai : quiconque ne voit guère
N'a guère à dire aussi. Mon voyage dépeint
Vous sera d'un plaisir extrême.
Je dirai : J'étais là ; telle chose m'avint ;
Vous y croirez être vous-même.
30   À ces mots en pleurant ils se dirent adieu.
Le voyageur s'éloigne ; et voilà qu'un nuage
L'oblige de chercher retraite en quelque lieu.
Un seul arbre s'offrit, tel encor que l'orage

Maltraita le Pigeon en dépit du feuillage.
35   L'air devenu serein, il part tout morfondu,
Sèche du mieux qu'il peut son corps chargé de pluie,
Dans un champ à l'écart voit du blé répandu,
Voit un pigeon auprès ; cela lui donne envie :
Il y vole, il est pris : ce blé couvrait d'un las.
40   Les menteurs et traîtres appas.
Le las était usé ! si bien que de son aile,
De ses pieds, de son bec, l'oiseau le rompt enfin.
Quelque plume y périt ; et le pis du destin
Fut qu'un certain Vautour à la serre cruelle
45   Vit notre malheureux, qui, traînant la ficelle
Et les morceaux du las qui l'avait attrapé,
Semblait un forçat échappé.
Le vautour s'en allait le lier, quand des nues
Fond à son tour un Aigle aux ailes étendues.
50   Le Pigeon profita du conflit des voleurs ;
S'envola, s'abattit auprès d'une masure, …
Amants, heureux amants, voulez-vous voyager ?
Que ce soit aux rives prochaines ;
Soyez-vous l'un à l'autre un monde toujours beau,
55   Toujours divers, toujours nouveau ;
Tenez-vous lieu de tout, comptez pour rien le reste ;
J'ai quelquefois aimé ! je n'aurais pas alors
Contre le Louvre et ses trésors,
Contre le firmament et sa voûte céleste,
60   Changé les bois, changé les lieux
Honorés par les pas, éclairés par les yeux
De l'aimable et jeune Bergère
Pour qui, sous le fils de Cythère,
Je servis, engagé par mes premiers serments.
65   Hélas ! quand reviendront de semblables moments ?
Faut-il que tant d'objets si doux et si charmants
Me laissent vivre au gré de mon âme inquiète ?
Ah ! si mon cœur osait encor se renflammer !
Ne sentirai-je plus de charme qui m'arrête ?
70   Ai-je passé le temps d'aimer ?

Fables

145

La Fontaine
(1621-1695)

Le Corbeau et le Renard

Maître Corbeau, sur un arbre perché,
Tenait en son bec un fromage.
Maître Renard, par l'odeur alléché,
Lui tint à peu près ce langage :
5   "Hé ! bonjour, Monsieur du Corbeau.
Que vous êtes joli ! que vous me semblez beau !
Sans mentir, si votre ramage
Se rapporte à votre plumage,
Vous êtes le Phénix des hôtes de ces bois. "
10   A ces mots le Corbeau ne se sent pas de joie ;
Et pour montrer sa belle voix,
Il ouvre un large bec, laisse tomber sa proie.
Le Renard s'en saisit, et dit : "Mon bon Monsieur,
Apprenez que tout flatteur
15   Vit aux dépens de celui qui l'écoute :
Cette leçon vaut bien un fromage, sans doute. "
Le Corbeau, honteux et confus,
Jura, mais un peu tard, qu'on ne l'y prendrait plus.

Fables

Louise Labé
(1524-1566)

Ô beaux yeux bruns …

Ô beaux yeux bruns, ô regards détournés
Ô chauds soupirs, ô larmes épandues,
Ô noires nuits vainement attendues
4   Ô jours luisants vainement retournés !

Ô tristes plaints, ô désirs obstinés,
Ô temps perdu, ô peines dépendues,
Ô mille morts en mille rets tendues,
8   Ô pires maux contre moi destinés !

Ô ris, ô front, cheveux, bras, mains et doigts !
Ô luth plaintif, viole, archet et voix !
11   Tant de flambeaux pour ardre une femelle !

De toi me plains, que tant de feux portant,
En tant d'endroits d'iceux mon coeur tâtant,
14   N'en est sur toi volé quelque étincelle.

Sonnets

Louise Labé
(1521-1566)

Baise m'encore ...

Baise m´encore, rebaise moi et baise:
Donne m´en un de tes plus savoureux,
Donne m´en un de tes plus amoureux:
4   Je t´en rendrai quatre plus chauds que braise.

Las, te plains-tu? Ça que ce mal j´apaise
En t´en donnant dix autres doucereux,
Ainsi mêlant nos baisers tant heureux
8   Jouissons-nous l´un de l´autre à notre aise.

Lors double vie à chacun en suivra,
Chacun en soi et son ami vivra.
11   Permets m´amour penser quelque folie:

Toujours suis mal, vivant discrètement,
Et ne me puis donner contentement
14   Si, hors de moi, ne fais quelque saillie.

Sonnets

148

Louise Labé
(1524-1566)

Je vis je meurs...

Je vis je meurs ; je me brûle et me noie.
J'ai chaud extrême en endurant froidure;
La vie m'est et trop molle et trop dure,
4   J'ai grands ennuis entremêlés de joie;

Tout à coup je ris et je larmoie,
Et en plaisir maint grief tourment j'endure;
Mon bien s'en va, et à jamais il dure;
8   Tout en un coup je sèche et je verdoie.

Ainsi Amour inconstamment me mène;
Et, quand je pense avoir plus de douleur,
11   Sans y penser je me trouve hors de peine.

Puis, quand je crois ma joie être certaine,
Et être en haut de mon désiré heur,
14   Il me remet en mon premier malheur.

Sonnets

Jules Laforgue
(1860-1887)

Sonnet de printemps

Avril met aux buissons leurs robes de printemps
Et brode aux boutons d'or de fines collerettes,
La mouche d'eau sous l'œil paisible des rainettes,
4   Patine en zig-zags fous aux moires des étangs.

Narguant d'un air frileux le souffle des autans
Le liseron s'enroule étoilé de clochettes
Aux volets peints en vert de blanches maisonnettes,
8   L'air caresse chargé de parfums excitants.

Tout aime, tout convie aux amoureuses fièvres,
Seul j'erre à travers tout le dégoût sur les lèvres.
11   Ah ! l'illusion morte, on devrait s'en aller.

Hélas ! j'attends toujours toujours l'heure sereine,
Où pour la grande nuit dans un coffre de chêne
14   Le Destin ce farceur voudra bien m'emballer.

Premiers poèmes

Jules Laforgue
(1860-1887)

Les après-midi d'automne

Oh! les après-midi solitaires d'automne !
Il neige à tout jamais. On tousse. On n'a personne.
Un piano voisin joue un air monotone ;
4   Et, songeant au passé béni, triste, on tisonne.

Comme la vie est triste ! Et triste aussi mon sort.
Seul, sans amour, sans gloire ! et la peur de la mort !
Et la peur de la vie, aussi! Suis-je assez fort ?
8   Je voudrais être enfant, avoir ma mère encor.

Oui, celle dont on est le pauvre aimé, l'idole,
Celle qui, toujours prête, ici-bas nous console !...
11   Maman ! Maman ! Oh! Comme à présent, loin de tous,

Je mettrais follement mon front dans ses genoux,
Et je resterais là, sans dire une parole,
14   A pleurer jusqu'au soir, tant ce serait trop doux.

Premiers poèmes

Jules Laforgue
(1860-1887)

Noël sceptique

Noël ! Noël ? J'entends les cloches dans la nuit...
Et j'ai sur ces feuillets sans foi, posé ma plume :
O souvenirs, chantez! Tout mon orgueil s'enfuit,
4   Et je me sens repris de ma grande amertume.

Ah ! Ces voix dans la nuit chantant Noël ! Noël !
M'apportent de la nef,[1] qui là-bas, s'illumine,
Un si tendre, un si doux reproche maternel
8   Que mon coeur trop gonflé crève dans ma poitrine...

Et j'écoute longtemps les cloches dans la nuit...
Je suis le paria[2] de la famille humaine,
A qui le vent apporte en son sale réduit[3]
12   La poignante rumeur d'une fête lointaine.

Premiers poèmes

1. Partie d'une église
2. Personne exclue d'un groupe, de la société
3. Local exigu, généralement sombre et pauvre

Jules Laforgue
(1860-1887)

Noël résigné

Noël ! Noël ! Toujours sur mes livres, je rêve.
Que de jours ont passé depuis l'autre Noël !
Comme toute douleur au cœur de l'homme est brève.
4   Non, je ne pleure plus, cloches, à votre appel.

Noël ! triste Noël ! En vain la bonne chère
S'étale sous le gaz ! Il pleut, le ciel est noir,
Et dans les flaques d'eau tremblent les réverbères
8   Que tourmente le vent, un vent de désespoir.

Dans la boue et la pluie on palpe des oranges,
Restaurants et cafés s'emplissent dans le bruit,
Qui songe à l'éternel, à l'histoire, à nos fanges ?
12   Chacun veut se gaver et rire cette nuit !

Manger, rire, chanter, – pourtant tout est mystère !
Dans quel but venons-nous sur ce vieux monde, et d'où?
Sommes-nous seuls? Pourquoi le Mal? Pourquoi la terre?
16   Pourquoi l'éternité stupide ? Pourquoi tout ?

Mais non! Mais non, qu'importe à la mêlée humaine ?
L'illusion nous tient ! – et nous mène à son port.
Et Paris qui mourra faisant trêve à sa peine
20   Vers les cieux éternels braille un Noël encor.

Premiers poèmes

Jules Laforgue
(1860-1887)

Triste, triste

Je contemple mon feu. J'étouffe un bâillement.
Le vent pleure. La pluie à ma vitre ruisselle.
Un piano voisin joue une ritournelle.
4   Comme la vie est triste et coule lentement.

Je songe à notre Terre, atome d'un moment,
Dans l'Infini criblé d'étoiles éternelles,
Au peu qu'ont déchiffré nos débiles prunelles,
8   Au Tout qui nous est clos inexorablement.

Et notre sort ! Toujours la même comédie,
Des vices, des chagrins, le spleen, la maladie,
11   Puis nous allons fleurir les beaux pissenlits d'or.

L'Univers nous reprend, rien de nous ne subsiste,
Cependant qu'ici-bas tout continue encor.
14   Comme nous sommes seuls ! Comme la vie est triste !

Premiers poèmes

154

Jules Laforgue
(1860-1887)

Veillée d'avril

Il doit être minuit. Minuit moins cinq. On dort.
Chacun cueille sa fleur au vert jardin des rêves,
Et moi, las de subir mes vieux remords sans trêves
4   Je tors mon cœur pour qu'il s'égoutte en rimes d'or.

Et voilà qu'à songer, me revient un accord,
Un air bête d'antan, et sans bruit tu te lèves
Ô menuet, toujours plus gai, des heures brèves
8   Où j'étais simple et pur, et doux, croyant encor.

Et j'ai posé ma plume. Et je fouille ma vie
D'innocence et d'amour pour jamais défleurie,
11   Et je reste longtemps, sur ma page accoudé,

Perdu dans le pourquoi des choses de la terre,
Ecoutant vaguement dans la nuit solitaire
14   Le roulement impur d'un vieux fiacre attardé.

Premiers poèmes

155

Lamartine
(1790-1869)

Le Lac

Ainsi, toujours poussés vers de nouveaux rivages,
Dans la nuit éternelle emportés sans retour,
Ne pourrons-nous jamais sur l'océan des âges
4   Jeter l'ancre un seul jour?

O lac! l'année à peine a fini sa carrière,
Et près des flots chéris qu'elle devait revoir,
Regarde! je viens seul m'asseoir sur cette pierre
8   Où tu la vis s'asseoir!

Tu mugissais ainsi sous ces roches profondes;
Ainsi tu te brisais sur leurs flancs déchirés;
Ainsi le vent jetait l'écume de tes ondes
12   Sur ses pieds adorés.

Un soir, t'en souvient- il? nous voguions en silence;
On n'entendait au loin, sur l'onde et sous les cieux,
Que le bruit des rameurs qui frappaient en cadence
16   Tes flots harmonieux.

Tout à coup des accents inconnus à la terre
Du rivage charmé frappèrent les échos;
Le flot fut attentif, et la voix qui m'est chère
20   Laissa tomber ces mots:

- O temps, suspends ton vol! et vous, heures propices,
Suspendez votre cours!
Laissez-nous savourer les rapides délices
24   Des plus beaux de nos jours!

- Assez de malheureux ici-bas vous implorent:
Coulez, coulez pour eux;
Prenez avec leurs jours les soins qui les dévorent;
28   Oubliez les heureux.

156

- Mais je demande en vain quelques moments encore,
Le temps m'échappe et fuit;
Je dis à cette nuit: - Sois plus lente;- et l'aurore
32   Va dissiper la nuit.

- Aimons donc, aimons donc! de l'heure fugitive,
Hâtons-nous, jouissons!
L'homme n'a point de port, le temps n'a point de rive;
36   Il coule, et nous passons!-

Temps jaloux, se peut-il que ces moments d'ivresse
Où l'amour à longs flots nous verse le bonheur
S'envolent loin de nous de la même vitesse
40   Que les jours de malheur? …

Éternité, néant, passé, sombres abîmes,
Que faites-vous des jours que vous engloutissez?
Parlez: nous rendrez-vous ces extases sublimes
44   Que vous nous ravissez?

O lac! rochers muets! grottes! forêt obscure!
Vous que le temps épargne ou qu'il peut rajeunir,
Gardez de cette nuit, gardez, belle nature,
48   Au moins le souvenir!

Qu'il soit dans ton repos, qu'il soit dans tes orages,
Beau lac, et dans l'aspect de tes riants coteaux,
Et dans ces noirs sapins, et dans ces rocs sauvages
52   Qui pendent sur tes eaux!

Qu'il soit dans le zéphyr qui frémit et qui passe,
Dans les bruits de tes bords par tes bords répétés,
Dans l'astre au front d'argent qui blanchit ta surface
56   De ses molles clartés!

Que le vent qui gémit, le roseau qui soupire,
Que les parfums légers de ton air embaumé,
Que tout ce qu'on entend, l'on voit ou l'on respire,
60   Tout dise: - Ils ont aimé! –

Lamartine
(1790-1869)

L'automne

Salut ! bois couronnés d'un reste de verdure !
Feuillages jaunissants sur les gazons épars !
Salut, derniers beaux jours; Le deuil de la nature
4   Convient à la douleur et plaît à mes regards.

Je suis d'un pas rêveur le sentier solitaire ;
J'aime à revoir encor, pour la dernière fois,
Ce soleil pâlissant, dont la faible lumière
8   Perce à peine à mes pieds l'obscurité des bois.

Oui, dans ces jours d'automne où la nature expire,
À ses regards voilés je trouve plus d'attraits :
C'est l'adieu d'un ami, c'est le dernier sourire
12   Des lèvres que la mort va fermer pour jamais.

Ainsi, prêt à quitter l'horizon de la vie,
Pleurant de mes longs jours l'espoir évanoui,
Je me retourne encore, et d'un regard d'envie
16   Je contemple ses biens dont je n'ai pas joui.

Terre, soleil, vallons, belle et douce nature,
Je vous dois une larme aux bords de mon tombeau !
L'air est si parfumé ! la lumière est si pure !
20   Aux regards d'un mourant le soleil est si beau !

Je voudrais maintenant vider jusqu'à la lie
Ce calice mêlé de nectar et de fiel :
Au fond de cette coupe où je buvais la vie,
24   Peut-être restait-il une goutte de miel ! …

La fleur tombe en livrant ses parfums au zéphyre ;
À la vie, au soleil, ce sont là ses adieux ;
Moi, je meurs et mon âme, au moment qu'elle expire,
28   S'exhale comme un son triste et mélodieux.

Premières méditations poétiques

158

Leconte de Lisle
(1818-1894)

Le rêve du jaguar

Sous les noirs acajous, les lianes en fleur,
Dans l'air lourd, immobile et saturé de mouches,
Pendent, et, s'enroulant en bas parmi les souches,
Bercent le perroquet splendide et querelleur,
5   L'araignée au dos jaune et les singes farouches.
C'est là que le tueur de boeufs et de chevaux,
Le long des vieux troncs morts à l'écorce moussue,
Sinistre et fatigué, revient à pas égaux.
Il va, frottant ses reins musculeux qu'il bossue ;
10   Et, du mufle béant par la soif alourdi,
Un souffle rauque et bref, d'une brusque secousse,
Trouble les grands lézards, chauds des feux de midi,
Dont la fuite étincelle à travers l'herbe rousse.
En un creux du bois sombre interdit au soleil
15   Il s'affaisse, allongé sur quelque roche plate ;
D'un large coup de langue il se lustre la patte ;
Il cligne ses yeux d'or hébétés de sommeil ;
Et, dans l'illusion de ses forces inertes,
Faisant mouvoir sa queue et frissonner ses flancs,
20   Il rêve qu'au milieu des plantations vertes,
Il enfonce d'un bond ses ongles ruisselants
Dans la chair des taureaux effarés et beuglants.

Poèmes barbares

Leconte de Lisle
(1818-1894)

Le Sommeil du condor

Par-delà l'escalier des roides Cordillères,
Par-delà les brouillards hantés des aigles noirs,
Plus haut que les sommets creusés en entonnoirs
Où bout le flux sanglant des laves familières,
5   L'envergure pendante et rouge par endroits,
Le vaste Oiseau, tout plein d'une morne indolence,
Regarde l'Amérique et l'espace en silence,
Et le sombre soleil qui meurt dans ses yeux froids.
La nuit roule de l'est, où les pampas sauvages
10   Sous les monts étagés s'élargissent sans fin ;
Elle endort le Chili, les villes, les rivages,
Et la mer Pacifique, et l'horizon divin ;
Du continent muet elle s'est emparée :
Des sables aux coteaux, des gorges aux versants,
15   De cime en cime, elle enfle, en tourbillons croissants,
Le lourd débordement de sa haute marée.
Lui, comme un spectre, seul, au front du pic altier,
Baigné d'une lueur qui saigne sur la neige,
Il attend cette mer sinistre qui l'assiège :
20   Elle arrive, déferle, et le couvre en entier
Dans l'abîme sans fond la Croix australe allume
Sur les côtes du ciel son phare constellé.
Il râle de plaisir, il agite sa plume,
Il érige son cou musculeux et pelé,
25   Il s'enlève en fouettant l'âpre neige des Andes,
Dans un cri rauque il monte où n'atteint pas le vent,
Et, loin du globe noir, loin de l'astre vivant,
Il dort dans l'air glacé, les ailes toutes grandes.

Poèmes barbares

160

Malherbe
(1555-1628)

Sur la mort de son fils

Que mon fils ait perdu sa dépouille mortelle,
Ce fils qui fut si brave et que j'aimai si fort,
Je ne l'impute point à l'injure du sort,
4   Puisque finir à l'homme est chose naturelle ;

Mais que de deux marauds la surprise infidèle
Ait terminé ses jours d'une tragique mort,
En cela ma douleur n'a point de réconfort,
8   Et tous mes sentiments sont d'accord avec elle.

O mon Dieu, mon Sauveur, puisque, par la raison
Le trouble de mon âme étant sans guérison,
11   Le vœu de la vengeance est un vœu légitime,

Fais que de ton appui je sois fortifié :
Ta justice t'en prie, et les auteurs du crime
14   Sont fils de ces bourreaux qui t'ont crucifié.

Malherbe
(1555-1628)

Consolation à M. du Périer

Ta douleur, du Périer, sera donc éternelle,
Et les tristes discours
Que te met en l'esprit l'amitié paternelle
4   L'augmenteront toujours

Le malheur de ta fille au tombeau descendue
Par un commun trépas,
Est-ce quelque dédale, où ta raison perdue
8   Ne se retrouve pas ?

Je sais de quels appas son enfance était pleine,
Et n'ai pas entrepris,
Injurieux ami, de soulager ta peine
12   Avecque son mépris.

Mais elle était du monde, où les plus belles choses
Ont le pire destin ;
Et rose elle a vécu ce que vivent les roses,
16   L'espace d'un matin.

Puis quand ainsi serait, que selon ta prière,
Elle aurait obtenu
D'avoir en cheveux blancs terminé sa carrière,
20   Qu'en fût-il advenu?

Penses-tu que, plus vieille, en la maison céleste
Elle eût eu plus d'accueil ?
Ou qu'elle eût moins senti la poussière funeste
24   Et les vers du cercueil ?

Non, non, mon du Périer, aussitôt que la Parque
Ôte l'âme du corps,
L'âge s'évanouit au deçà de la barque,
28   Et ne suit point les morts...

La Mort a des rigueurs à nulle autre pareilles ;
On a beau la prier,
La cruelle qu'elle est se bouche les oreilles,
32   Et nous laisse crie.

Le pauvre en sa cabane, où le chaume le couvre,
Est sujet à ses lois ;
Et la garde qui veille aux barrières du Louvre
36   N'en défend point nos rois.

De murmurer contre elle, et perdre patience,
Il est mal à propos ;
Vouloir ce que Dieu veut, est la seule science
40   Qui nous met en repos.

Mallarmé
(1842-1898)

L'Azur

De l'éternel Azur la sereine ironie
Accable, belle indolemment comme les fleurs,
Le poëte impuissant qui maudit son génie
4   À travers un désert stérile de Douleurs.

Fuyant, les yeux fermés, je le sens qui regarde
Avec l'intensité d'un remords atterrant,
Mon âme vide. Où fuir ? Et quelle nuit hagarde
8   Jeter, lambeaux, jeter sur ce mépris navrant ?

Brouillards, montez ! Versez vos cendres monotones
Avec de longs haillons de brume dans les cieux
Que noiera le marais livide des automnes,
12   Et bâtissez un grand plafond silencieux !

Et toi, sors des étangs léthéens et ramasse
En t'en venant la vase et les pâles roseaux,
Cher Ennui, pour boucher d'une main jamais lasse
16   Les grands trous bleus que font méchamment les oiseaux.

Encor ! Que sans répit les tristes cheminées
Fument, et que de suie une errante prison
Éteigne dans l'horreur de ses noires traînées
20   Le soleil se mourant jaunâtre à l'horizon !

— Le Ciel est mort. — Vers toi, j'accours ! donne, ô matière,
L'oubli de l'Idéal cruel et du Péché
À ce martyr qui vient partager la litière
24   Où le bétail heureux des hommes est couché,

Car j'y veux, puisque enfin ma cervelle, vidée
Comme le pot de fard gisant au pied du mur,
N'a plus l'art d'attifer la sanglotante idée,
28 Lugubrement bâiller vers un trépas obscur…

En vain ! L'Azur triomphe, et je l'entends qui chante
Dans les cloches. Mon âme, il se fait voix pour plus
Nous faire peur avec sa victoire méchante,
32 Et du métal vivant sort en bleus angélus !

Il roule par la brume, ancien et traverse
Ta native agonie ainsi qu'un glaive sûr ;
Où fuir dans la révolte inutile et perverse ?
36 *Je suis hanté*. L'Azur ! l'Azur ! l'Azur ! l'Azur !

Mallarmé
(1842-1898)

Le Sonneur

Cependant que la cloche éveille sa voix claire
À l'air pur et limpide et profond du matin
Et passe sur l'enfant qui jette pour lui plaire
4   Un angélus parmi la lavande et le thym,

Le sonneur effleuré par l'oiseau qu'il éclaire,
Chevauchant tristement en geignant du latin
Sur la pierre qui tend la corde séculaire,
8   N'entend descendre à lui qu'un tintement lointain.

Je suis cet homme. Hélas ! de la nuit désireuse,
J'ai beau tirer le câble à sonner l'Idéal,
11   De froids péchés s'ébat un plumage féal,

Et la voix ne me vient que par bribes et creuse !
Mais, un jour, fatigué d'avoir enfin tiré,
14   Ô Satan, j'ôterai la pierre et me pendrai.

Mallarmé
(1842-1898)

Le vierge, le vivace et le bel...

Le vierge, le vivace et le bel aujourd'hui
Va-t-il nous déchirer avec un coup d'aile ivre
Ce lac dur oublié que hante sous le givre
4 Le transparent glacier des vols qui n'ont pas fui !

Un cygne d'autrefois se souvient que c'est lui
Magnifique mais qui sans espoir se délivre
Pour n'avoir pas chanté la région où vivre
8 Quand du stérile hiver a resplendi l'ennui.

Tout son col secouera cette blanche agonie
Par l'espace infligée à l'oiseau qui le nie,
11 Mais non l'horreur du sol où le plumage est pris.

Fantôme qu'à ce lieu son pur éclat assigne,
Il s'immobilise au songe froid de mépris
14 Que vêt parmi l'exil inutile le Cygne.

Mallarmé
(1842-1898)

Les Fenêtres

Las du triste hôpital, et de l'encens fétide
Qui monte en la blancheur banale des rideaux
Vers le grand crucifix ennuyé du mur vide,
4   Le moribond, parfois, redresse son vieux dos,

Se traîne et va, moins pour chauffer sa pourriture
Que pour voir du soleil sur les pierres, coller
Les poils blancs et les os de la maigre figure
8   Aux fenêtres qu'un beau rayon clair veut hâler.

Et la bouche, fiévreuse et d'azur bleu vorace,
Telle, jeune, elle alla respirer son trésor,
Une peau virginale et de jadis ! encrasse
12   D'un long baiser amer les tièdes carreaux d'or.

Ivre, il vit, oubliant l'horreur des saintes huiles,
Les tisanes, l'horloge et le lit infligé,
La toux. Et quand le soir saigne parmi les tuiles,
16   Son œil, à l'horizon de lumière gorgé,

Voit des galères d'or, belles comme des cygnes,
Sur un fleuve de pourpre et de parfums dormir
En berçant l'éclair fauve et riche de leurs lignes
20   Dans un grand nonchaloir chargé de souvenir !

Ainsi, pris du dégoût de l'homme à l'âme dure
Vautré dans le bonheur, où tous ses appétits
Mangent, et qui s'entête à chercher cette ordure
24   Pour l'offrir à la femme allaitant ses petits,

Je fuis et je m'accroche à toutes les croisées
D'où l'on tourne le dos à la vie et, béni,
Dans leur verre, lavé d'éternelles rosées,
28 Que dore le matin chaste de l'Infini

Je me mire et me vois ange ! Et je meurs, et j'aime
— Que la vitre soit l'art, soit la mysticité —
À renaître, portant mon rêve en diadème,
32 Au ciel antérieur où fleurit la Beauté !

Mais, hélas ! Ici-bas est maître : sa hantise
Vient m'écœurer parfois jusqu'en cet abri sûr,
Et le vomissement impur de la Bêtise
36 Me force à me boucher le nez devant l'azur.

Est-il moyen, ô Moi qui connais l'amertume,
D'enfoncer le cristal par le monstre insulté,
Et de m'enfuir, avec mes deux ailes sans plume,
40 — Au risque de tomber pendant l'éternité ?

Mallarmé
(1842-1898)

Brise marine

La chair est triste, hélas! et j'ai lu tous les livres.
Fuir! là-bas fuir! Je sens que des oiseaux sont ivres
D'être parmi l'écume inconnue et les cieux!
Rien, ni les vieux jardins reflétés par les yeux
5   Ne retiendra ce coeur qui dans la mer se trempe
O nuits! ni la clarté déserte de ma lampe
Sur le vide papier que la blancheur défend
Et ni la jeune femme allaitant son enfant.
Je partirai! Steamer balançant ta mâture,
10   Lève l'ancre pour une exotique nature!
Un Ennui, désolé par les cruels espoirs,
Croit encore à l'adieu suprême des mouchoirs!
Et, peut-être, les mâts, invitant les orages
Sont-ils de ceux qu'un vent penche sur les naufrages
15   Perdus, sans mâts, sans mâts, ni fertiles îlots...
Mais, ô mon coeur, entends le chant des matelots!

Vers et prose

170

Clément Marot
(1496-1544)

De soy-même

Plus ne suis ce que j'ai été
Et plus ne saurai jamais l'être
Mon beau printemps et mon été
Ont fait le saut par la fenêtre
5 Amour tu as été mon maître
J'ai t'ai servi sur tous les dieux
Ah si je pouvais deux fois naître
Comme je te servirais mieux

Clément Marot
(1496-1544)

Épître au roi pour avoir été dérobé

J'avais un jour un valet de Gascogne
Gourmand, ivrogne et assuré menteur,
Pipeur, larron, jureur, blasphémateur,
Sentant la hart de cent pas à la ronde,
5   Au demeurant, le meilleur fils du monde.

Ce vénérable hillot fut averti
De quelque argent que vous m'aviez départi,
Et que ma bourse avait grosse apostume ;
Si se leva plus tôt que de coutume,
10   Et me va prendre en tapinois icelle,
Puis la vous met très bien sous son aisselle,
Argent et tout (cela se doit entendre),
Et ne crois point que ce fût pour la rendre,
Car oncques puis n'en ai ouïe parler.

15   Bref, le vilain ne s'en voulut aller
Pour si petit ; mais encore il me happe
Saie et bonnet, chausses, pourpoint et cape ;
De mes habits (en effet) il pilla
Tous les plus beaux, et puis s'en habille
20   Si justement qu'à le voir ainsi être
Vous l'eussiez pris (en plein jour) pour son maître.

Finalement, de ma chambre, il s'en va
Droit à l'étable, où deux chevaux trouva
Laisse le pire, et sur le meilleur monte,
25   Pique et s'en va. Pour Abréger le compte,
Soyez certain qu'au partir dudit lieu
N'oublia rien fors qu'à me dire adieu.
Ainsi s'en va, chatouilleux de la gorge,
Ledit valet, monté comme un saint Georges,

172

30   Et vous laissa Monsieur dormir son soûl,
       Qui au réveil n'eut s'en finer d'un sou.
       Ce monsieur là, Sir, c'était moi-même,
       Qui, sans mentir, fus au matin bien blême,
       Quand je me vois sans honnête vêture,
35   Et fort fâché de perdre ma monture ;
       Mais de l'argent que vous M'aviez donné,
       Je ne fus point de le perdre étonné ;
       Car votre argent, très débonnaire Prince,
       Sans point de faute est sujet à la pince.

40   Bien tôt, après cette fortune là,
       Une autre, pire encore, se mêla
       De m'assaillir, et chaque jour m'assaut
       Me menaçant de donner le saut,
       Et de ce saut m'envoyer à l'envers
45   Rimer sous terre et y faire des vers.

       C'est une lourde et longue maladie
       De trois bons mois, qui m'a tout étourdi
       La pauvre tête, et ne veut terminer,
       Ainsi me contraint d'apprendre à cheminer,
50   Tant affaibli m'a d'étrange manière ;
       Et si m'a fait la cuisse héronnière,
       L'estomac sec, le ventre plat et vague.

       Que dire de plus? Au misérable corps
       Dont je vous parle il n'est demeuré fort
55   Le pauvre esprit, qui lamente et soupire
       Et en pleurant tâche à vous faire rire.

Epîtres

[1] *trompeur*
[2] *corde gibet*
[3] *garçon (origine gasconne)*
[4] *aussi*
[5] *jamais depuis*
[6] *casaque*
[7] *sauf*
[8] *s'acquitter*
[9] *mais*

François Maynard
(1582-1646)

Mon âme, il faut partir…

Mon âme, il faut partir. Ma vigueur est passée,
Mon dernier jour est dessus l'horizon.
Tu crains ta liberté. Quoi ! N'es-tu pas lassée
4   D'avoir souffert soixante ans de prison ?

Tes désordres sont grands ; tes vertus sont petites ;
Parmi tes maux on trouve peu de bien ;
Mais si le bon Jésus te donne des mérites,
8   Espère tout et n'appréhende rien.

Mon âme, repens-toi d'avoir aimé le monde,
Et de mes yeux fais la source d'une onde
11   Qui touche de pitié le monarque des rois.

Que tu serais courageuse et ravie
Si j'avais soupiré durant toute ma vie,
14   Dans le désert, sous l'ombre de la Croix.

Les Œuvres

Henri Michaux
(1899-1884)

Le grand combat

Il l'emparouille et l'endosque contre terre ;
Il le rague et le roupète jusqu'à son drâle ;
Il le pratèle et le libucque et lui barufle les ouillais ;
Il le tocarde et le marmine,
5   Le manage tape à ri et ripe à ta.
Enfin il l'écorcobalisse.

L'autre hésite, s'espudrine, se défaisse, se torse et
se ruine.
C'en sera bientôt fini de lui ;
Il se reprise et s'emmargine… mais en vain
10   Le cerceau tombe qui a tant roulé.
Abrah ! Abrah ! Abrah !
Le pied a failli !
Le bras a cassé !
Le sang a coulé !
15   Fouille, fouille, fouille
Dans la marmite de son ventre est un grand secret
Mégères alentour qui pleurez dans vos mouchoirs ;
On s'étonne, on s'étonne, on s'étonne
Et on vous regarde,
20   On cherche aussi, nous autres, le Grand Secret.

Qui je fus

175

Molière
(1622-1673)

Le Misanthrope, Acte I, scène 1

ALCESTE
Je veux qu'on soit sincère, et qu'en homme d'honneur,
On ne lâche aucun mot qui ne parte du cœur.

PHILINTE
Lorsqu'un homme vous vient embrasser avec joie,
Il faut bien le payer de la même monnoie,
5   Répondre, comme on peut, à ses empressements,
Et rendre offre pour offre, et serments pour serments.

ALCESTE
Non, je ne puis souffrir cette lâche méthode
Qu'affectent la plupart de vos gens à la mode;
Et je ne hais rien tant que les contorsions
10 De tous ces grands faiseurs de protestations,
Ces affables donneurs d'embrassades frivoles,
Ces obligeants diseurs d'inutiles paroles,
Qui de civilités avec tous font combat,
Et traitent du même air l'honnête homme et le fat.
15 Quel avantage a-t-on qu'un homme vous caresse,
Vous jure amitié, foi, zèle, estime, tendresse,
Et vous fasse de vous un éloge éclatant,
Lorsque au premier faquin il court en faire autant?
Non, non, il n'est point d'âme un peu bien située
20 Qui veuille d'une estime ainsi prostituée.
Et la plus glorieuse a des régals peu chers,
Dès qu'on voit qu'on nous mêle avec tout l'univers:
Sur quelque préférence une estime se fonde,
Et c'est n'estimer rien qu'estimer tout le monde.
25 Puisque vous y donnez, dans ces vices du temps,
Morbleu! vous n'êtes pas pour être de mes gens;
Je refuse d'un cœur la vaste complaisance

Qui ne fait de mérite aucune différence;
Je veux qu'on me distingue; et pour le trancher net,
30 L'ami du genre humain n'est point du tout mon fait…
Je veux que l'on soit homme, et qu'en toute rencontre
Le fond de notre cœur dans nos discours se montre,
Que ce soit lui qui parle, et que nos sentiments
Ne se masquent jamais sous de vains compliments.

Jean Moréas
(1856-1910)

Sous vos longues chevelures...

Sous vos longues chevelures, petites fées,
Vous chantâtes sur mon sommeil bien doucement,
Sous vos longues chevelures, petites fées,
4   Dans la forêt du charme et de l'enchantement.

Dans la forêt du charme et des merveilleux rites,
Gnomes compatissants, pendant que je dormais,
De votre main, honnêtes gnomes, vous m'offrîtes
8   Un sceptre d'or, hélas ! pendant que je dormais.

J'ai su depuis ce temps que c'est mirage et leurre
Les sceptres d'or et les chansons dans la forêt ;
Pourtant, comme un enfant crédule, je les pleure,
12   Et je voudrais dormir encor dans la forêt.

Qu'importe si je sais que c'est mirage et leurre !

Les Cantilènes (1886)

Musset
(1810-1857)

Souvenir

Jamais, avez-vous dit, tandis qu'autour de nous
Résonnait de Schubert la plaintive musique ;
Jamais, avez-vous dit, tandis que, malgré vous,
4   Brillait de vos grands yeux l'azur mélancolique.

Jamais, répétiez-vous, pâle et d'un air si doux
Qu'on eût cru voir sourire une médaille antique.
Mais des trésors secrets l'instinct fier et pudique
8   Vous couvrit de rougeur, comme un voile jaloux.

Quel mot vous prononcez, marquise, et quel dommage !
Hélas ! je ne voyais ni ce charmant visage,
11   Ni ce divin sourire, en vous parlant d'aimer.

Vos yeux bleus sont moins doux que votre âme n'est belle.
Même en les regardant, je ne regrettais qu'elle,
14   Et de voir dans sa fleur un tel coeur se fermer.

Alfred de Musset
(1810-1857)

Ballade à la Lune

C'était, dans la nuit brune,
Sur le clocher jauni,
La lune
4   Comme un point sur un i.

Lune, quel esprit sombre
Promène au bout d'un fil,
Dans l'ombre,
8   Ta face et ton profil ?

Es-tu l'œil du ciel borgne ?
Quel chérubin cafard
Nous lorgne
12   Sous ton masque blafard ?

N'es-tu rien qu'une boule,
Qu'un grand faucheux bien gras
Qui roule
16   Sans pattes et sans bras ?

Es-tu, je t'en soupçonne,
Le vieux cadran de fer
Qui sonne
20   L'heure aux damnés d'enfer ?

Sur ton front qui voyage,
Ce soir ont-ils compté
Quel âge
24   A leur éternité ?

Est-ce un ver qui te ronge
Quand ton disque noirci
S'allonge
28   En croissant rétréci ?

Qui t'avait éborgnée,
L'autre nuit ? T'étais-tu
Cognée
32   A quelque arbre pointu ?

Car tu vins, pâle et morne,
Coller sur mes carreaux
Ta corne
36   A travers les barreaux.

Va, lune moribonde,
Le beau corps de Phébé
La blonde
40   Dans la mer est tombé.

Tu n'en es que la face
Et déjà, tout ridé,
S'efface
44   Ton front dépossédé...

T'aimera le pilote,
Dans son grand bâtiment
Qui flotte
48   Sous le clair firmament.

Et la fillette preste
Qui passe le buisson,
Pied leste,
52   En chantant sa chanson...

Et qu'il vente ou qu'il neige,
Moi-même, chaque soir,
Que fais-je
56   Venant ici m'asseoir ?

Je viens voir à la brune,
Sur le clocher jauni,
La lune
60   Comme un point sur un i.

Premières poésies

181

Musset
(1810-1857)

Les plus désespérés sont les chants les plus beaux,
Et j'en sais d'immortels qui sont de purs sanglots.
Lorsque le pélican, lassé d'un long voyage,
Dans les brouillards du soir retourne à ses roseaux,
5   Ses petits affamés courent sur le rivage
En le voyant au loin s'abattre sur les eaux.
Déjà, croyant saisir et partager leur proie,
Ils courent à leur père avec des cris de joie
En secouant leurs becs sur leurs goitres hideux.
10   Lui, gagnant à pas lents une roche élevée,
De son aile pendante abritant sa couvée,
Pêcheur mélancolique, il regarde les cieux.
Le sang coule à longs flots de sa poitrine ouverte ;
En vain il a des mers fouillé la profondeur ;
15   L'Océan était vide et la plage déserte ;
Pour toute nourriture il apporte son cœur.
Sombre et silencieux, étendu sur la pierre
Partageant à ses fils ses entrailles de père,
Dans son amour sublime il berce sa douleur,
20   Et, regardant couler sa sanglante mamelle,
Sur son festin de mort il s'affaisse et chancelle,
Ivre de volupté, de tendresse et d'horreur…
Poète, c'est ainsi que font les grands poètes.
Ils laissent s'égayer ceux qui vivent un temps ;
25   Mais les festins humains qu'ils servent à leurs fêtes
Ressemblent la plupart à ceux des pélicans.
Quand ils parlent ainsi d'espérances trompées,
De tristesse et d'oubli, d'amour et de malheur,
Ce n'est pas un concert à dilater le cœur.
30   Leurs déclamations sont comme des épées :
Elles tracent dans l'air un cercle éblouissant,
Mais il y pend toujours quelque goutte de sang.

La Nuit de mai

Alfred de Musset
(1810-1857)

Tristesse

J'ai perdu ma force et ma vie
Et mes amis et ma gaîté:
J'ai perdu jusqu'à la fierté
4 Qui faisait croire à mon génie.

Quand j'ai connu la Vérité,
J'ai cru que c'était une amie:
Quand je l'ai comprise et sentie,
8 J'en étais déjà dégoûté.

Et pourtant elle est éternelle
Et ceux qui se sont passés d'elle
11 Ici-bas ont tout ignoré.

Dieu parle, il faut qu'on lui réponde.
Le seul bien qui me reste au monde
14 Est d'avoir quelquefois pleuré.

Alfred de Musset
(1810-1857)

Une soirée perdue

J'étais seul l'autre soir au Théâtre-Français,
Ou presque seul; l'auteur n'avais pas grand succès.
Ce n'était que Molière, et nous savons de reste
Que ce grand maladroit , qui fit un jour *Alceste*
Ignora le bel art de chatouiller l'esprit
Et de servir à point un dénoûment bien cuit.
Grâce à Dieu, nos auteurs ont changé de méthode,
Et nous aimons bien mieux quelque drame à la mode
Où l'intrigue, enlacée et roulée en feston,
10   Tourne comme un rébus autour d'un mirliton.

J'écoutais cependant cette simple harmonie,
Et comme le bon sens fait parler le génie.
J'admirais quel amour pour l'âpre vérité
Eut cet homme si fier en sa naïveté,
Quel grand et vrai savoir des choses de ce monde,
Quelle mâle gaîté, si triste et si profonde
Que, lorsqu'on vient d'en rire, on devrait en pleurer !
Et je me demandais : Est-ce assez d'admirer ?
Est-ce assez de venir, un soir, par aventure,
20   D'entendre au fond de l'âme un cri de la nature,
D'essuyer une larme, et de partir ainsi,
Quoi qu'on fasse d'ailleurs, sans en prendre souci ?

Enfoncé que j'étais dans cette rêverie,
Ca et là, toutefois, lorgnant la galerie,
Je vis que, devant moi, se balançait gaîment
Sous une tresse noire un cou svelte et charmant;
Et, voyant cette ébène enchâssée dans l'ivoire,
Un vers d'André Chénier chanta dans ma mémoire,
Un vers presque inconnu, refrain inachevé,
30   Frais comme le hasard, moins écrit que rêvé.

184

J'osais m'en souvenir, même devant Molière;
Sa grande ombre, à coup sûr, ne s'en offensa pas;
Et, tout en écoutant, je murmurais tout bas,
Sous votre aimable tête, un cou blanc, délicat,
Se plie, et de la neige effacerait l'éclat

Puis je songeais encore (ainsi va la pensée)
Que l'antique franchise, à ce point délaissée,
Avec notre finesse et notre esprit moqueur,
Ferait croire, après tout, que nous manquons de coeur;
40   Que c'était une triste et honteuse misère
Que cette solitude à l'entour de Molière, …
La lâcheté nous bride, et les sots vont disant
Que, sous ce vieux soleil, tout est fait à présent;
Comme si les travers de la famille humaine
Ne rajeunissaient pas chaque an, chaque semaine.
Notre siècle a ses moeurs, partant, sa vérité;
Celui qui l'ose dire est toujours écouté…

Devant moi cependant, à coté de sa mère,
L'enfant restait toujours, et le cou svelte et blanc
50   Sous les longs cheveux noirs se berçait mollement.
Le spectacle fini, la charmante inconnue
Se leva. Le beau cou, l'épaule à demie nue
Se voilèrent; la main glissa dans le manchon;
Et, lorsque je la vis au seuil de sa maison
S'enfuir, je m'aperçus que je l'avais suivie.
Hélas! mon cher ami, c'est là toute ma vie.
Pendant que mon esprit cherchait sa volonté,
Mon corps avait la sienne et suivait la beauté;
Et quand je m'éveillais de cette rêverie,
60   Il ne me restait plus que l'image chérie :
Sous votre aimable tête, un cou blanc, délicat,
Se plie, et de la neige effacerait l'éclat.

Poésies nouvelles

185

Musset
(1810-1857)

Venise

Dans Venise la rouge,
Pas un bateau qui bouge;
Pas un pêcheur dans l'eau,
4   Pas un falot.

Seul, assis à la grève,
Le grand lion soulève,
Sur l'horizon serein,
8   Son pied d'airain.

Autour de lui, par groupes,
Navires et chaloupes,
Pareils à des hérons
12   Couchés en ronds,

Dorment sur l'eau qui fume,
Et croisent dans la brume,
En légers tourbillons,
16   Leurs pavillons.

La lune qui s'efface
Couvre son front qui passe
D'un nuage étoilé
20   Demi-voilé.

Ainsi, la dame abbesse
De Sainte-Croix rabaisse
Sa cape aux larges plis
24   Sur son surplis.

Et les palais antiques,
Et les graves portiques,
Et les blancs escaliers.
28   Des chevaliers,

Et les ponts, et les rues,
Et les mornes statues,
Et le golfe mouvant
32   Qui tremble au vent,

Tout se tait, fors les gardes
Aux longues hallebardes,
Qui veillent aux créneaux
36   Des arsenaux.

- Ah! maintenant plus d'une
Attend, au clair de lune,
Quelque jeune muguet,
40   L'oreille au guet…

Laissons la vieille horloge,
Au palais du vieux doge,
Lui compter de ses nuits
44   Les longs ennuis.

Comptons plutôt, ma belle,
Sur ta bouche rebelle
Tant de baisers donnés...
48   Ou pardonnés.

Comptons plutôt tes charmes,
Comptons les douces larmes,
Qu'à nos yeux a coûté
52   La volupté!

Premières poésies

Marguerite de Navarre
(1492-1549)

Si la mort n'est que séparation
D'âme et de corps, et que la connaissance
De Dieu s'acquiert par élévation
D'esprit, laissant corporelle alliance,
5   Entre la mort et vie différence
De Marguerite aucune ne peut être,
Sinon que, morte, a parfaite science
De ce que, vive, eût bien voulu connaître.

Marguerite de Navarre
(1492-1549)

Un ami vif

Un ami vif vint à la dame morte,
Et par prière il la cuida tenter
De le vouloir aimer de même sorte,
Puis la pressa jusqu'à la tourmenter ;
5   Mais mot ne dit, donc, pour se contenter,
Il essaya de l'embrasser au corps.
Contrainte fut la Dame dire alors :
« Je vous requiers, ô Ami importun,
Laissez les morts ensevelir les morts,
10   Car morte suis pour tous, sinon pour un. »

Gérard de Nerval
(1808-1855)

El Desdichado

Je suis le ténébreux, -le veuf, -l'inconsolé,
Le prince d'Aquitaine à la tour abolie:
Ma seule *étoile* est morte, et mon luth constellé
4 Porte le *soleil* noir de la *Mélancolie*.

Dans la nuit du tombeau, toi qui m'as consolé,
Rends-moi le Pausilippe et la mer d'Italie,
La *fleur* qui plaisait à mon coeur désolé,
8 Et la treille où le pampre à la rose s'allie.

Suis-je Amour ou Phébus?... Lusignan ou Biron?
Mon front est rouge encor du baiser de la reine;
11 J'ai rêvé dans la grotte où nage la sirène...

Et j'ai deux fois vainqueur traversé l'Achéron:
Modulant tour à tour sur la lyre d'Orphée
14 Les soupirs de la sainte et les cris de la fée.

Gérard de Nerval
(1808-1855)

Fantaisie

Il est un air pour qui je donnerais
Tout Rossini, Tout Mozart et tout Weber,
Un air très vieux, languissant et funèbre,
4   Qui pour moi seul a des charmes secrets.

Or, chaque fois que je viens à l'entendre,
De deux cents ans mon âme rajeunit :
C'est sous Louis-Treize… - et je crois voir s'étendre
8   Un coteau vert que le soleil jaunit ;

Puis un château de brique à coins de pierre,
Aux vitraux teints de rougeâtres couleurs,
Ceint de grands parcs, avec une rivière
12   Baignant ses pieds, qui coule entre des fleurs.

Pui une dame, à sa haute fenêtre,
Blonde aux yeux noirs, en ses habits anciens…
Que, dans une autre existence, peut-être,
16   J'ai déjà vue – et dont je me souviens !

Gérard de Nerval
(1808-1855)

Myrtho

Je pense à toi, Myrtho, divine enchanteresse,
Au Pausilippe altier, de mille feux brillant,
À ton front inondé des clartés d'Orient,
4   Aux raisins noirs mêlés avec l'or de ta tresse.

C'est dans ta coupe aussi que j'avais bu l'ivresse,
Et dans l'éclair furtif de ton œil souriant,
Quand aux pieds d'Iacchus on me voyait priant,
8   Car la Muse m'a fait l'un des fils de la Grèce.

Je sais pourquoi là-bas le volcan s'est rouvert…
C'est qu'hier tu l'avais touché d'un pied agile,
11   Et de cendres soudain l'horizon s'est couvert.

Depuis qu'un duc normand brisa tes dieux d'argile,
Toujours, sous les rameaux du laurier de Virgile,
14   Le pâle Hortensia s'unit au Myrthe vert !

Les Chimères

192

Gérard de Nerval
(1808-1855)

Une allée du Luxembourg

Elle a passé, la jeune fille,
Vive et preste comme un oiseau ;
A la main une fleur qui brille,
4 A la bouche un refrain nouveau.

C'est peut-être la seule au monde
Dont le coeur au mien répondrait ;
Qui, venant dans ma nuit profonde,
8 D'un seul regard l'éclairerait !...

Mais non, - ma jeunesse est finie...
Adieu, doux rayon qui m'a lui, -
Parfum, jeune fille, harmonie...
12 Le bonheur passait, - il a fui !

Odelettes

193

Anna de Noailles
(1876-1933)

L'Empreinte

Je m'appuierai si bien et si fort à la vie,
D'une si rude étreinte et d'un tel serrement
Qu'avant que la douceur du jour me soit ravie
4   Elle s'échauffera de mon enlacement.

La mer, abondamment sur le monde étalée,
Gardera dans la route errante de son eau
Le goût de ma douleur qui est âcre et salée
8   Et sur les jours mouvants roule comme un bateau.

Je laisserai de moi dans le pli des collines
La chaleur de mes yeux qui les ont vu fleurir
Et la cigale assise aux branches de l'épine
12   Fera crier le cri strident de mon désir.

Dans les champs printaniers la verdure nouvelle
Et le gazon touffu sur les bords des fossés
Sentiront palpiter et fuir comme des ailes
16   Les ombres de mes mains qui les ont tant pressés.

La nature qui fut ma joie et mon domaine
Respirera dans l'air ma persistante odeur
Et sur l'abattement de la tristesse humaine
20   Je laisserai la forme unique de mon coeur.

Le Cœur innombrable

Charles Péguy
(1873-1914)

Heureux ceux qui sont morts…

Heureux ceux qui sont morts pour la terre charnelle,
Mais pourvu que ce fut dans une juste guerre.
Heureux ceux qui sont morts pour quatre coins de terre.
4   Heureux ceux qui sont morts d'une mort solennelle.

Heureux ceux qui sont morts dans les grandes batailles,
Couchés dessus le sol, à la face de Dieu.
Heureux ceux qui sont morts dans un dernier haut lieu,
8   Parmi tout l'appareil des grandes funérailles.

Heureux ceux qui sont morts pour des cités charnelles,
Car elles sont le corps de la cité de Dieu.
Heureux ceux qui sont morts pour leur âtre et leur feu,
12   Et les pauvres honneurs des maisons paternelles.

Car elles sont l'image et le commencement
Et le corps et l'essai de la maison de Dieu.
Heureux ceux qui sont morts dans cet embrassement,
16   Dans l'étreinte d'honneur et le terrestre aveu.

Car cet aveu d'honneur est le commencement
Et le premier essai d'un éternel aveu.
Heureux ceux qui sont morts dans cet écrasement,
20   Dans l'accomplissement de ce terrestre voeu.

Car ce voeu de la terre est ce commencement
Et le premier essai d'une fidélité.
Heureux ceux qui sont morts dans ce couronnement
24   Et cette obéissance et cette humilité.

Heureux ceux qui sont morts, car ils sont retournés
Dans la première argile et la première terre.
Heureux ceux qui sont morts dans une juste guerre.
28   Heureux les épis mûrs et les blés moissonnés.

Charles Péguy
(1873-1914)

Présentation de la Beauce à Notre-Dame de Chartres

Étoile de la mer voici la lourde nappe
Et la profonde houle et l'océan des blés
Et la mouvante écume et nos greniers combles,
4   Voici votre regard sur cette immense chape

Et voici votre voix sur cette lourde plaine
Et nos amis absents et nos coeurs dépeuplés,
Voici le long de nous nos poings désassemblés
8   Et notre lassitude et notre force pleine.

Étoile du matin, inaccessible reine,
Voici que nous marchons vers votre illustre cour,
Et voici le plateau de notre pauvre amour,
12   Et voici l'océan de notre immense peine.

Un sanglot rôde et court par-delà l'horizon.
À peine quelques toits font comme un archipel.
Du vieux clocher retombe une sorte d'appel.
16   L'épaisse église semble une basse maison.

Ainsi, nous naviguons vers votre cathédrale.
De loin en loin surnage un chapelet de meules,
Rondes comme des tours, opulentes et seules
20   Comme un rang de châteaux sur la barque amirale.

Deux mille ans de labeur ont fait de cette terre
Un réservoir sans fin pour les âges nouveaux.
Mille ans de votre grâce ont fait de ces travaux
24   Un reposoir sans fin pour l'âme solitaire.

Vous nous voyez marcher sur cette route droite,
Tout poudreux, tout crottés, la pluie entre les dents.
Sur ce large éventail ouvert à tous les vents
28   La route nationale est notre porte étroite.

Nous allons devant nous, les mains le long des poches,
Sans aucun appareil, sans fatras, sans discours,
D'un pas toujours égal, sans hâte ni recours,
32   Des champs les plus présents vers les champs les plus proches.

Vous nous voyez marcher, nous sommes la piétaille,
Nous n'avançons jamais que d'un pas à la fois,
Mais vingt siècles de peuple et vingt siècles de rois,
36   Et toute leur séquelle et toute leur volaille

Et leurs chapeaux à plume avec leur valetaille
Ont appris ce que c'est que d'être familiers,
Et comme on peut marcher, les pieds dans ses souliers,
40   Vers un dernier carré le soir d'une bataille….

Un homme de chez nous, de la glèbe féconde
A fait jaillir ici d'un seul enlèvement,
Et d'une seule source et d'un seul portement,
44   Vers votre assomption la flèche unique au monde.

Tour de David, voici votre tour beauceronne,
C'est l'épi le plus dur qui soit jamais monté
Vers un ciel de clémence et de sérénité,
48   Et le plus beau fleuron dedans votre couronne.

Un homme de chez nous a fait ici jaillir,
Depuis le ras du sol jusqu'au pied de la croix,
Plus haut que tous les saints, plus haut que tous les rois
52   La flèche irréprochable et qui ne peut faillir…

La Tapisserie de Notre-Dame

197

Charles Péguy
(1873-1914)

Cœur qui as tant crevé
De pleurs secrets,
Buveur inabreuvé,
4   Cendre et regrets...

Cœur qui as tant saigné
D'amour, de haine,
O cœur mal résigné
8   De tant de peine.

Cœur tant de fois flétri
Au dur labeur,
Cœur tant de fois fleuri
12   Aux soirs de mai...

Cœur tant de fois forgé
Sous le marteau,
Cœur tant de fois crevé
16   Sous le couteau...

Cœur qui a tant rêvé,
O cœur charnel,
O cœur inachevé
20   Cœur éternel.

Cœur qui a tant battu,
D'amour, d'espoir,
Cœur trouveras-tu
24   La paix du soir.

Cœur tant de fois pétri,
O pain du jour,
Cœur tant de fois meurtri,
28   Levain d'amour.

Cœur tant de fois battu,
D'amour, de haine,
Cœur tu ne battras plus
32   De tant de peine…

Cœur plein d'un seul regret
Poignant et bref,
Comme un unique fret
36   Charge une nef.

Cœur plein d'un seul regret
Poignant et sourd,
Comme un fardeau trop lourd
40   Charge une nef.

Cœur vaisseau démarré
A charge, pleine,
Vaisseau désemparé
44   De sa misaine…

Cœur plein d'un seul amour
Désaccordé,
O cœur de jour en jour
48   Plus hasardé.

Dans ce noble séjour
Cœur attardé,
Plein d'un secret si lourd,
52   Mur lézardé...

O cœur exténué,
Péri d'amour,
O cœur de jour en jour
56   Destitué...

Cœur tant de fois cloué
Au dur gibet,
Tant de fois bafoué
60   De quolibets.

Et pardonné sois-tu,
Notre cœur vil,
Au nom des Trois Vertus,
64   Ainsi soit-il.

Quatrains

Charles Péguy
(1873-1914)

Présentation de Paris à Notre-Dame

Etoile de la mer voici la lourde nef
Où nous ramons tout nus sous vos commandements ;
Voici notre détresse et nos désarmements ;
4   Voici le quai du Louvre, et l'écluse, et le bief.

Voici notre appareil et voici notre chef.
C'est un gars de chez nous qui siffle par moments.
Il n'a pas son pareil pour les gouvernements.
8   Il a la tête dure et le geste un peu bref.

Reine qui vous levez sur tous les océans,
Vous penserez à nous quand nous serons au large.
Aujourd'hui c'est le jour d'embarquer notre charge.
12   Voici l'énorme grue et les longs meuglements.

S'il fallait le charger de nos pauvres vertus,
Ce vaisseau s'en irait vers votre auguste seuil
Plus creux que la noisette après que l'écureuil
16   L'a laissé retomber de ses ongles pointus…

Mais nous saurons l'emplir et nous vous le jurons.
Il sera le plus beau dans cet illustre port.
La cargaison ira jusque sur le plat-bord.
24   Et quand il sera plein nous le couronnerons.

Nous n'y chargerons pas notre pauvre maïs,
Mais de l'or et du blé que nous emporterons.
Et il tiendra la mer : car nous le chargerons
28   Du poids de nos péchés payés par votre fils.

La Tapisserie de Notre-Dame

200

Jacques Prévert
(1900-1977)

Pour faire le portrait d'un oiseau

Peindre d'abord une cage
avec une porte ouverte
peindre ensuite
quelque chose de joli
quelque chose de simple
quelque chose de beau
quelque chose d'utile
pour l'oiseau
placer ensuite la toile contre un arbre
10   dans un jardin
dans un bois
ou dans une forêt
se cacher derrière l'arbre
sans rien dire
sans bouger...
Quand l'oiseau arrive
s'il arrive
observer le plus profond silence
attendre que l'oiseau entre dans la cage
20   et quand il est entré
fermer doucement la porte avec le pinceau
puis
effacer un à un tous les barreaux
en ayant soin de ne toucher aucune des plumes de l'oiseau
Faire ensuite le portrait de l'arbre …
et puis attendre que l'oiseau se décide à chanter
Si l'oiseau ne chante pas
C'est mauvais signe
signe que le tableau est mauvais
30   mais s'il chante c'est bon signe
signe que vous pouvez signer
Alors vous arrachez tout doucement
une des plumes de l'oiseau
et vous écrivez votre nom dans un coin du tableau.

Sully Prudhomme
(1839-1907)

Le cygne

Sans bruit, sous le miroir des lacs profonds et calmes,
Le cygne chasse l'onde avec ses larges palmes,
Et glisse. Le duvet de ses flancs est pareil
A des neiges d'avril qui croulent au soleil ;
5   Mais, ferme et d'un blanc mat, vibrant sous le zéphire,
Sa grande aile l'entraîne ainsi qu'un blanc navire.
Il dresse son beau col au-dessus des roseaux,
Le plonge, le promène allongé sur les eaux,
Le courbe gracieux comme un profil d'acanthe,
10   Et cache son bec noir dans sa gorge éclatante.
Tantôt le long des pins, séjour d'ombre et de paix,
Il serpente, et, laissant les herbages épais
Traîner derrière lui comme une chevelure,
Il va d'une tardive et languissante allure.
15   La grotte où le poète écoute ce qu'il sent,
Et la source qui pleure un éternel absent,
Lui plaisent ; il y rôde ; une feuille de saule
En silence tombée effleure son épaule.
Tantôt il pousse au large, et, loin du bois obscur,
20   Superbe, gouvernant du côté de l'azur,
Il choisit, pour fêter sa blancheur qu'il admire,
La place éblouissante où le soleil se mire.

Puis, quand les bords de l'eau ne se distinguent plus,
A l'heure où toute forme est un spectre confus,
25   Où l'horizon brunit rayé d'un long trait rouge,
Alors que pas un jonc, pas un glaïeul ne bouge,
Que les rainettes font dans l'air serein leur bruit,
Et que la luciole au clair de lune luit,
L'oiseau, dans le lac sombre où sous lui se reflète
30   La splendeur d'une nuit lactée et violette,
Comme un vase d'argent parmi des diamants,
Dort, la tête sous l'aile, entre deux firmaments.

Les Solitudes

Sully Prudhomme
(1839-1907)

Le Vase brisé

Le vase où meurt cette verveine
D'un coup d'éventail fut fêlé ;
Le coup dut l'effleurer à peine :
4 Aucun bruit ne l'a révélé.

Mais la légère meurtrissure,
Mordant le cristal chaque jour,
D'une marche invisible et sûre,
8 En a fait lentement le tour.

Son eau fraîche a fui goutte à goutte,
Le suc des fleurs s'est épuisé ;
Personne encore ne s'en doute,
12 N'y touchez pas, il est brisé.

Souvent aussi la main qu'on aime,
Effleurant le cœur, le meurtrit ;
Puis le cœur se fend de lui-même,
16 La fleur de son amour périt ;

Toujours intact aux yeux du monde,
Il sent croître et pleurer tout bas
Sa blessure fine et profonde ;
20 Il est brisé, n'y touchez pas.

Stances et Poèmes

Racine
(1639-1699)

Bérénice

Titus vient d'annoncer à Bérénice qu'il doit suivre son devoir qui est de régner, et donc qu'il renonce à elle.

BERENICE

Eh bien ! régnez, cruel, contentez votre gloire :
Je ne dispute plus. J'attendais, pour vous croire,
Que cette même bouche, après mille serments
D'un amour qui devait unir tous nos moments,
Cette bouche, à mes yeux s'avouant infidèle,
M'ordonnât elle–même une absence éternelle.
Moi–même j'ai voulu vous entendre en ce lieu.
Je n'écoute plus rien, et pour jamais : adieu...
Pour jamais ! Ah, Seigneur ! songez–vous en vous–même
10 Combien ce mot cruel est affreux quand on aime ?
Dans un mois, dans un an, comment souffrirons–nous,
Seigneur, que tant de mers me séparent de vous ?
Que le jour recommence et que le jour finisse,
Sans que jamais Titus puisse voir Bérénice,
Sans que de tout le jour je puisse voir Titus ?
Mais quelle est mon erreur, et que de soins perdus !
L'ingrat, de mon départ consolé par avance,
Daignera–t–il compter les jours de mon absence ?
Ces jours si longs pour moi lui sembleront trop courts…
20 Ah Seigneur ! s'il est vrai, pourquoi nous séparer ?
Je ne vous parle point d'un heureux hyménée ;
Rome à ne plus vous voir m'a–t–elle condamnée ?
Pourquoi m'enviez–vous l'air que vous respirez ?

TITUS

Hélas ! vous pouvez tout, Madame : demeurez,
Je n'y résiste point. Mais je sens ma faiblesse :
Il faudra vous combattre et vous craindre sans cesse,
Et sans cesse veiller à retenir mes pas,
Que vers vous à toute heure entraînent vos appas.

204

Que dis-je ? En ce moment mon coeur, hors de lui-même,
30 S'oublie, et se souvient seulement qu'il vous aime.

BERENICE
Eh bien, Seigneur, eh bien ! qu'en peut-il arriver ?
Voyez-vous les Romains prêts à se soulever ?

TITUS
Et qui sait de quel oeil ils prendront cette injure ?
S'ils parlent, si les cris succèdent au murmure,
Faudra-t-il par le sang justifier mon choix ?
S'ils se taisent, Madame, et me vendent leurs lois,
A quoi m'exposez-vous ? Par quelle complaisance
Faudra-t-il quelque jour payer leur patience ?
Que n'oseront-ils point alors me demander ?
40 Maintiendrai-je des lois que je ne puis garder ?

BERENICE
Vous ne comptez pour rien les pleurs de Bérénice !

TITUS
Je les compte pour rien ? Ah ciel ! quelle injustice !

BERENICE
Quoi ? pour d'injustes lois que vous pouvez changer,
En d'éternels chagrins vous-même vous plonger ?
Rome a ses droits, Seigneur : n'avez-vous pas les vôtres ?
Ses intérêts sont-ils plus sacrés que les nôtres ?
Dites, parlez.

TITUS
Hélas ! que vous me déchirez !

BERENICE
Vous êtes empereur, Seigneur, et vous pleurez !

Bérénice, Acte

Henri de Régnier
(1864-1936)

Le Livre

Prends le livre. Assieds-toi dans l'herbe où ton fuseau
Également chargé de laine blanche et noire
Enroule à son ébène et lie à son ivoire
4   Son double fil oisif que ne rompt nul ciseau.

L'herbe frôle en tremblant tes mains; le ciel est beau
Et la verte prairie autour de toi se moire.
Vois, regarde passer aux marges du grimoire
8   Ou l'ombre d'une feuille ou l'aile d'un oiseau.

D'un vent tendre et léger aux heures de la Vie
Le Printemps tournera la page qu'il oublie;
11   Voici l'Été. Souris. Écoute. Lis encor...

Le doux soleil tiédit le livre qu'il caresse
Pour que l'année heureuse, à l'automne, te laisse
14   Le fermer au signet de quelque feuille d'or.

Les Médailles d'argile

Rességuier
(1788-1862)

Sonnet monosyllabique

Fort
Belle,
Elle.
4   Dort;

Sort
Frêle!
Quelle
8   Mort!

Rose
Close,
11   La

Brise
L'a
14   Prise.

Rimbaud
(1873-1875)

Aube

J'ai embrassé l'aube d'été.

Rien ne bougeait encore au front des palais. L'eau était
morte. Les camps d'ombre ne quittaient pas la route du
bois. J'ai marché, réveillant les haleines vives et tièdes,
et les pierreries regardèrent, et les ailes se levèrent
sans bruit.

La première entreprise fut, dans le sentier déjà empli de
frais et blêmes éclats, une fleur qui me dit son nom.

Je ris au wasserfall blond qui s'échevela à travers les
10   sapins : à la cime argentée je reconnus la déesse.

Alors je levai un à un les voiles. Dans l'allée, en agitant
les bras. Par la plaine, où je l'ai énoncée au coq. A la
grand'ville elle fuyait parmi les clochers et les dômes, et
courant comme un mendiant sur les quais de marbre, je
la chassais.

En haut de la route, près d'un bois de lauriers, je l'ai
entourée avec ses voiles amassés, et j'ai senti un peu
son immense corps. L'aube et l'enfant tombèrent au bas
du bois.

20   Au réveil il était midi.

Illuminations

208

Rimbaud
(1854-1891)

Le bateau ivre

Comme je descendais des Fleuves impassibles,
Je ne me sentis plus guidé par les haleurs :
Des Peaux-Rouges criards les avaient pris pour cibles,
4   Les ayant cloués nus aux poteaux de couleurs.

J'étais insoucieux de tous les équipages,
Porteur de blés flamands ou de cotons anglais.
Quand avec mes haleurs ont fini ces tapages,
..8   Les Fleuves m'ont laissé descendre où je voulais.

Dans les clapotements furieux des marées,
Moi, l'autre hiver, plus sourd que les cerveaux d'enfants,
Je courus ! Et les Péninsules démarrées
12   N'ont pas subi tohu-bohus plus triomphants.

La tempête a béni mes éveils maritimes.
Plus léger qu'un bouchon j'ai dansé sur les flots
Qu'on appelle rouleurs éternels de victimes,
16   Dix nuits, sans regretter l'œil niais des falots !

Plus douce qu'aux enfants la chair des pommes sures,
L'eau verte pénétra ma coque de sapin
Et des taches de vins bleus et des vomissures
20   Me lava, dispersant gouvernail et grappin.

Et, dès lors, je me suis baigné dans le Poème
De la Mer, infusé d'astres, et lactescent,
Dévorant les azurs verts ; où, flottaison blême
24   Et ravie, un noyé pensif parfois descend ;

Où, teignant tout à coup les bleuités, délires
Et rythmes lents sous les rutilements du jour,
Plus fortes que l'alcool, plus vastes que nos lyres,
28   Fermentent les rousseurs amères de l'amour !

Je sais les cieux crevant en éclairs, et les trombes
Et les ressacs, et les courants : je sais le soir,
L'Aube exaltée ainsi qu'un peuple de colombes,
32   Et j'ai vu quelquefois ce que l'homme a cru voir !

J'ai vu le soleil bas, taché d'horreurs mystiques,
Illuminant de longs figements violets,
Pareils à des acteurs de drames très antiques
36   Les flots roulant au loin leurs frissons de volets !

J'ai rêvé la nuit verte aux neiges éblouies,
Baisers montant aux yeux des mers avec lenteurs,
La circulation des sèves inouïes,
40   Et l'éveil jaune et bleu des phosphores chanteurs !

J'ai suivi, des mois pleins, pareille aux vacheries
Hystériques, la houle à l'assaut des récifs,
Sans songer que les pieds lumineux des Maries
44   Pussent forcer le mufle aux Océans poussifs !

J'ai heurté, savez-vous, d'incroyables Florides
Mêlant aux fleurs des yeux de panthères à peaux
D'hommes ! Des arcs-en-ciel tendus comme des brides
48   Sous l'horizon des mers, à de glauques troupeaux !

J'ai vu fermenter les marais énormes, nasses
Où pourrit dans les joncs tout un Léviathan !
Des écroulements d'eaux au milieu des bonaces,
52   Et les lointains vers les gouffres cataractant !

Glaciers, soleils d'argent, flots nacreux, cieux de braises !
Échouages hideux au fond des golfes bruns
Où les serpents géants dévorés des punaises
56   Choient, des arbres tordus avec de noirs parfums !

J'aurais voulu montrer aux enfants ces dorades
Du flot bleu, ces poissons d'or, ces poissons chantants.
— Des écumes de fleurs ont bercé mes dérades
60   Et d'ineffables vents m'ont ailé par instants.

Parfois, martyr lassé des pôles et des zones,
La mer dont le sanglot faisait mon roulis doux
Montait vers moi ses fleurs d'ombre aux ventouses jaunes
64   Et je restais, ainsi qu'une femme à genoux...

Presque île, ballottant sur mes bords les querelles
Et les fientes d'oiseaux clabaudeurs aux yeux blonds.
Et je voguais, lorsqu'à travers mes liens frêles
68   Des noyés descendaient dormir, à reculons !

Or moi, bateau perdu sous les cheveux des anses,
Jeté par l'ouragan dans l'éther sans oiseau,
Moi dont les Monitors et les voiliers des Hanses
72   N'auraient pas repêché la carcasse ivre d'eau ;

Libre, fumant, monté de brumes violettes,
Moi qui trouais le ciel rougeoyant comme un mur
Qui porte, confiture exquise aux bons poètes,
76   Des lichens de soleil et des morves d'azur ;

Qui courais, taché de lunules électriques,
Planche folle, escorté des hippocampes noirs,
Quand les juillets faisaient crouler à coups de triques
80   Les cieux ultramarins aux ardents entonnoirs ;

Moi qui tremblais, sentant geindre à cinquante lieues
Le rut des Béhémots et des Maelstroms épais,
Fileur éternel des immobilités bleues,
84   Je regrette l'Europe aux anciens parapets ! …

Mais, vrai, j'ai trop pleuré ! Les Aubes sont navrantes.
Toute lune est atroce et tout soleil amer :
L'âcre amour m'a gonflé de torpeurs enivrantes.
92   Ô que ma quille éclate ! Ô que j'aille à la mer !

Je ne puis plus, baigné de vos langueurs, ô lames,
Enlever leur sillage aux porteurs de cotons,
Ni traverser l'orgueil des drapeaux et des flammes,
100   Ni nager sous les yeux horribles des pontons !

Poésies

211

Arthur Rimbaud
(1854-1891)

Les Effarés

Noirs dans la neige et dans la brume,
Au grand soupirail qui s'allume,
3   Leurs culs en rond,

À genoux, cinq petits, – misère ! –
Regardent le boulanger faire
6   Le lourd pain blond...

Ils voient le fort bras blanc qui tourne
La pâte grise, et qui l'enfourne
9   Dans un trou clair.

Ils écoutent le bon pain cuire.
Le boulanger au gras sourire
12   Chante un vieil air.

Ils sont blottis, pas un ne bouge,
Au souffle du soupirail rouge,
15   Chaud comme un sein.

Et quand, pendant que minuit sonne,
Façonné, pétillant et jaune,
18   On sort le pain,

Quand, sous les poutres enfumées,
Chantent les croûtes parfumées,
21   Et les grillons,

Quand ce trou chaud souffle la vie
Ils ont leur âme si ravie
24   Sous leurs haillons,

Ils se ressentent si bien vivre,
Les pauvres petits pleins de givre !
27   – Qu'ils sont là, tous,

Collant leurs petits museaux roses
Au grillage, chantant des choses,
30   Entre les trous,

Mais bien bas, – comme une prière...
Repliés vers cette lumière
33   Du ciel rouvert,

– Si fort, qu'ils crèvent leur culotte,
– Et que leur lange blanc tremblote
36   Au vent d'hiver..

         Poésies

Rimbaud
(1854-1891)

Ophélie

Sur l'onde calme et noire où dorment les étoiles
La blanche Ophélia flotte comme un grand lys,
Flotte très lentement, couchée en ses longs voiles...
4 – On entend dans les bois lointains des hallalis.

Voici plus de mille ans que la triste Ophélie
Passe, fantôme blanc, sur le long fleuve noir,
Voici plus de mille ans que sa douce folie
8 Murmure sa romance à la brise du soir.

Le vent baise ses seins et déploie en corolle
Ses grands voiles bercés mollement par les eaux ;
Les saules frissonnants pleurent sur son épaule,
12 Sur son grand front rêveur s'inclinent les roseaux.

Les nénuphars froissés soupirent autour d'elle ;
Elle éveille parfois, dans un aune qui dort,
Quelque nid, d'où s'échappe un petit frisson d'aile :
16 – Un chant mystérieux tombe des astres d'or.

II

Ô pâle Ophélia ! belle comme la neige !
Oui tu mourus, enfant, par un fleuve emporté !
– C'est que les vents tombant des grands monts de Norwège
20 T'avaient parlé tout bas de l'âpre liberté ;

C'est qu'un souffle, tordant ta grande chevelure,
À ton esprit rêveur portait d'étranges bruits ;
Que ton cœur écoutait le chant de la Nature
24 Dans les plaintes de l'arbre et les soupirs des nuits ;

C'est que la voix des mers folles, immense râle,
Brisait ton sein d'enfant, trop humain et trop doux ;
C'est qu'un matin d'avril, un beau cavalier pâle,
28 Un pauvre fou, s'assit muet à tes genoux !

Ciel ! Amour ! Liberté ! Quel rêve, ô pauvre Folle !
Tu te fondais à lui comme une neige au feu :
Tes grandes visions étranglaient ta parole
32 – Et l'Infini terrible effara ton œil bleu !

III

– Et le Poète dit qu'aux rayons des étoiles
Tu viens chercher, la nuit, les fleurs que tu cueillis,
Et qu'il a vu sur l'eau, couchée en ses longs voiles,
36 La blanche Ophélia flotter, comme un grand lys.

Poésies

Arthur Rimbaud
(1854-1891)

Le Dormeur du val

C'est un trou de verdure où chante une rivière,
Accrochant follement aux herbes des haillons
D'argent ; où le soleil, de la montagne fière,
4   Luit : c'est un petit val qui mousse de rayons.

Un soldat jeune, bouche ouverte, tête nue,
Et la nuque baignant dans le frais cresson bleu,
Dort ; il est étendu dans l'herbe, sous la nue,
8   Pâle dans son lit vert où la lumière pleut.

Les pieds dans les glaïeuls, il dort. Souriant comme
Sourirait un enfant malade, il fait un somme :
11   Nature, berce-le chaudement : il a froid.

Les parfums ne font pas frissonner sa narine ;
Il dort dans le soleil, la main sur sa poitrine,
14   Tranquille. Il a deux trous rouges au côté droit.

Poésies

Rimbaud
(1854-1891)

Ma Bohême

Je m'en allais, les poings dans mes poches crevées ;
Mon paletot aussi devenait idéal :
J'allais sous le ciel, Muse ! Et j'étais ton féal ;
4 Oh ! là là ! Que d'amours splendides j'ai rêvées !

Mon unique culotte avait un large trou.
– Petit-Poucet rêveur, j'égrenais dans ma course
Des rimes. Mon auberge était à la Grande-Ourse.
8 – Mes étoiles au ciel avaient un doux frou-frou

Et je les écoutais, assis au bord des routes,
Ces bons soirs de septembre où je sentais des gouttes
11 De rosée à mon front, comme un vin de vigueur ;

Où, rimant au milieu des ombres fantastiques,
Comme des lyres, je tirais les élastiques
14 De mes souliers blessés, un pied près de mon cœur !

Rimbaud
(1854-1891)

Voyelles

A noir, E blanc, I rouge, U vert, O bleu : voyelles,
Je dirai quelque jour vos naissances latentes :
A, noir corset velu des mouches éclatantes
4 Qui bombinent autour des puanteurs cruelles,

Golfes d'ombre ; E, candeur des vapeurs et des tentes,
Lances des glaciers fiers, rois blancs, frissons d'ombelles;
I, pourpres, sang craché, rire des lèvres belles
8 Dans la colère ou les ivresses pénitentes ;

U, cycles, vibrements divins des mers virides,
Paix des pâtis semés d'animaux, paix des rides
11 Que l'alchimie imprime aux grands fronts studieux ;

O, suprême Clairon plein des strideurs étranges,
Silence traversés des Mondes et des Anges :
14 O l'Omega, rayon violet de Ses Yeux ! –

Poésies

Ronsard
(1524-1585)

Comme on voit sur la branche, …

Comme on voit sur la branche, au mois de mai, la rose,
En sa belle jeunesse, en sa première fleur,
Rendre le ciel jaloux de sa vive couleur,
4 Quand l'aube, de ses pleurs, au point du jour l'arrose ;

La Grâce dans sa feuille, et l'Amour se repose,
Embaumant les jardins et les arbres d'odeur ;
Mais battue ou de pluie ou d'excessive ardeur,
8 Languissante, elle meurt, feuille à feuille déclose ;

Ainsi, en ta première et jeune nouveauté,
Quand la terre et le ciel honoraient ta beauté,
11 La Parque t'a tuée, et cendre tu reposes.

Pour obsèques reçois mes larmes et mes pleurs
Ce vase plein de lait, ce panier plein de fleurs,
14 Afin que, vif et mort, ton corps ne soit que roses.

Amours

Ronsard
(1524-1585)

Ode à Cassandre

Mignonne, allons voir si la rose
Qui ce matin avoir desclose
Sa robe de pourpre au Soleil,
A point perdu ceste vesprée
Les plis de sa robe pourprée,
6 Et son teint au vostre pareil.

Las! voyez comme en peu d'espace,
Mignonne, elle a dessus la place
Las ! las ses beautez laissé cheoir !
Ô vrayment marastre Nature,
Puis qu'une telle fleur ne dure
12 Que du matin jusques au soir!

Donc, si vous me croyez, mignonne,
Tandis que vostre âge fleuronne
En sa plus verte nouveauté,
Cueillez, cueillez vostre jeunesse :
Comme à ceste fleur la vieillesse
18 Fera ternir vostre beauté.

Odes

Ronsard
(1524-1585)

Quand je vous vois, …

Quand je vous vois, ou quand je pense en vous[1],
Je ne sais quoi dans le cœur me frétille,
Qui me pointelle[2], et tout d'un coup me pille
4   L'esprit emblé[3] d'un ravissement doux.

Je tremble tout de nerfs et de genoux :
Comme la cire au feu, je me distille
Sous mes soupirs : et ma force inutile
8   Me laisse froid, sans haleine et sans pouls.

Je semble[4] au mort, qu'on dévale[5] en la fosse,
Ou à celui qui d'une fièvre grosse
11   Perd le cerveau, dont les esprits mués

Rêvent cela qui plus leur est contraire[6],
Ainsi mourant, je ne saurai tant faire,
14   Que je ne pense en vous, qui me tuez.

Les Amours

1. À vous
2. Pique
3. Emporté
4. Ressemble
5. Qu'on fait tomber dans
6. Qui leur est le plus contraire

Ronsard
(1524-1585)

Quand vous serez bien vieille, ...

Quand vous serez bien vieille, au soir, à la chandelle,
Assise auprès du feu, dévidant et filant,
Direz, chantant mes vers, en vous émerveillant :
4   Ronsard me célébrait du temps que j'étais belle.

Lors, vous n'aurez servante oyant telle nouvelle,
Déjà sous le labeur à demi sommeillant,
Qui au bruit de mon nom ne s'aille réveillant,
8   Bénissant votre nom de louange immortelle.

Je serai sous la terre et fantôme sans os :
Par les ombres myrteux je prendrai mon repos :
11   Vous serez au foyer une vieille accroupie,

Regrettant mon amour et votre fier dédain.
Vivez, si m'en croyez, n'attendez à demain :
14   Cueillez dés aujourd'hui les roses de la vie.

Sonnets pour Hélène

Ronsard
(1524-1585)

Je n'ai plus que les os…[1]

Je n'ai plus que les os un squelette je semble,
Décharné, dénervé, démusclé, dépoulpé,
Que le trait de la mort sans pardon a frappé ;
4 Je n'ose voir mes bras que de peur je ne tremble.

Apollon et son fils [2], deux grands maîtres ensemble,
Ne me sauraient guérir, leur métier m'a trompé ;
Adieu, plaisant soleil ! Mon œil est étoupé,
8 Mon corps s'en va descendre où tout se désassemble.

Quel ami, me voyant en ce point dépouillé,
Ne remporte au logis un œil triste et mouillé,
11 Me consolant au lit et me baisant la face,

En essuyant mes yeux par la mort endormis ?
Adieu, chers compagnons ! Adieu, mes chers amis !
14 Je m'en vais le premier vous préparer la place.

Derniers vers

[1] Vers écrits pendant la maladie qui devait emporter le poète
[2] Esculape, dieu de la médecine

Edmond Rostand
(1868-1918)

Cyrano de Bergerac, Acte I, scène IV

LE VICOMTE
*Il s'avance vers Cyrano qui l'observe, et se campant
devant lui d'un air fat.*
Vous.... vous avez un nez... heu... un nez... très grand.

CYRANO, *gravement*

Très.

LE VICOMTE, *riant*
Ha !

CYRANO, *imperturbable*
    C'est tout ? ...

LE VICOMTE
        Mais...

CYRANO
            Ah ! non ! c'est un peu court, jeune homme !
On pouvait dire... Oh ! Dieu ! ... bien des choses en somme...
En variant le ton, -par exemple, tenez
 5 Agressif : "Moi, monsieur, si j'avais un tel nez,
Il faudrait sur-le-champ que je me l'amputasse ! "
Amical : "Mais il doit tremper dans votre tasse
Pour boire, faites-vous fabriquer un hanap ! "
Descriptif : "C'est un roc ! ... c'est un pic ! ... c'est un cap !
10 Que dis-je, c'est un cap ? ... C'est une péninsule ! "
Curieux : "De quoi sert cette oblongue capsule ?
D'écritoire, monsieur, ou de boîtes à ciseaux ? "
Gracieux : "Aimez-vous à ce point les oiseaux
Que paternellement vous vous préoccupâtes
15 De tendre ce perchoir à leurs petites pattes ? "
Truculent : "Ca, monsieur, lorsque vous pétunez,
La vapeur du tabac vous sort-elle du nez
Sans qu'un voisin ne crie au feu de cheminée ? "
Prévenant : "Gardez-vous, votre tête entraînée

20 Par ce poids, de tomber en avant sur le sol ! "
Tendre : "Faites-lui faire un petit parasol
De peur que sa couleur au soleil ne se fane ! "
Pédant : "L'animal seul, monsieur, qu'Aristophane
Appelle Hippocampelephantocamélos
25 Put avoir sous le front tant de chair sur tant d'os ! "
Cavalier : "Quoi, l'ami, ce croc est à la mode ?
Pour pendre son chapeau, c'est vraiment très commode ! "
Emphatique : "Aucun vent ne peut, nez magistral,
T'enrhumer tout entier, excepté le mistral ! "
30 Dramatique : "C'est la Mer Rouge quand il saigne ! "
Admiratif : "Pour un parfumeur, quelle enseigne ! "
Lyrique : "Est-ce une conque, êtes-vous un triton ? "
Naïf : "Ce monument, quand le visite-t-on ? "
Respectueux : "Souffrez, monsieur, qu'on vous salue,
35 C'est là ce qui s'appelle avoir pignon sur rue ! "
Campagnard : "Hé, ardé ! C'est-y un nez ? Nanain !
C'est queuqu'navet géant ou ben queuqu'melon nain ! "
Militaire : "Pointez contre cavalerie ! "
Pratique : "Voulez-vous le mettre en loterie ?
40 Assurément, monsieur, ce sera le gros lot ! "
Enfin parodiant Pyrame en un sanglot
"Le voilà donc ce nez qui des traits de son maître
A détruit l'harmonie ! Il en rougit, le traître ! "
– Voilà ce qu'à peu près, mon cher, vous m'auriez dit
45 Si vous aviez un peu de lettres et d'esprit
Mais d'esprit, ô le plus lamentable des êtres,
Vous n'en eûtes jamais un atome, et de lettres
Vous n'avez que les trois qui forment le mot : sot ! …

DE GUICHE, *voulant emmener le vicomte pétrifié*
Valvert, laissez donc !

LE VICOMTE, *suffoqué*
                    Ces grands airs arrogants !
Un hobereau qui... qui... n'a même pas de gants !
Et qui sort sans rubans, sans bouffettes, sans ganses !

CYRANO
Moi, c'est moralement que j'ai mes élégances.

Edmond Rostand
(1868-1918)

Cyrano de Bergerac, Acte III, scène 10

CYRANO
      …[un] baiser. Le mot est doux.
Je ne vois pas pourquoi votre lèvre ne l'ose ;
S' il la brûle déjà, que sera-ce la chose ?
Ne vous en faites pas un épouvantement :
5 N' avez-vous pas tantôt, presque insensiblement,
Quitté le badinage et glissé sans alarmes
du sourire au soupir, et du soupir aux larmes ?
Glissez encore un peu d'insensible façon :
Des larmes au baiser il n' y a qu' un frisson !

ROXANE
10 taisez-vous !

CYRANO
      Un baiser, mais à tout prendre, qu'est-ce ?
Un serment fait d' un peu plus près, une promesse
Plus précise, un aveu qui veut se confirmer,
Un point rose qu' on met sur l' i du verbe aimer ;
C' est un secret qui prend la bouche pour oreille,
15 Un instant d' infini qui fait un bruit d' abeille,
Une communion ayant un goût de fleur,
Une façon d' un peu se respirer le coeur,
Et d' un peu se goûter, au bord des lèvres, l' âme !

ROXANE
Taisez-vous !

CYRANO
      Un baiser, c'est si noble, Madame,
20 Que la reine de France, au plus heureux des lords,
En a laissé prendre un, la reine même !

ROXANE
                  Alors !

Rousseau
(1712-1778)

Ve promenade

Quand le lac agité ne me permettait pas la navigation, je passais mon après-midi à parcourir l'île en herborisant à droite et à gauche m'asseyant tantôt dans les réduits les plus riants et les plus solitaires pour y rêver à mon aise, tantôt sur les terrasses et les tertres, pour parcourir des yeux le superbe et ravissant coup d'oeil du lac et de ses rivages couronnés d'un côté par des montagnes prochaines et de l'autre élargis en riches et fertiles plaines, dans lesquelles la vue s'étendait
9 jusqu'aux montagnes bleuâtres plus éloignées qui la bornaient.

Quand le soir approchait je descendais des cimes de l'île et j'allais volontiers m'asseoir au bord du lac sur la grève dans quelque asile caché ; là le bruit des vagues et l'agitation de l'eau fixant mes sens et chassant de mon âme toute autre agitation la plongeaient dans une rêverie délicieuse où la nuit me surprenait souvent sans que je m'en fusse aperçu. Le flux et reflux de cette eau, son bruit continu mais renflé par intervalles frappant sans relâche mon oreille et mes yeux, suppléaient aux mouvements internes que la rêverie éteignait en moi et suffisaient pour me faire sentir avec plaisir mon existence sans prendre la peine de penser. De temps à autre naissait quelque faible et courte réflexion sur l'instabilité des choses de ce monde dont la surface des eaux m'offrait l'image : mais bientôt ces impressions légères s'effaçaient dans l'uniformité du mouvement continu qui me berçait, et qui sans aucun concours actif de mon âme ne laissait pas de m'attacher au point qu'appelé par l'heure et par le signal convenu je ne
27 pouvais m'arracher de là sans effort…

J'ai remarqué dans les vicissitudes d'une longue vie que les époques des plus douces jouissances et des plaisirs les plus vifs ne sont pourtant pas celles dont le souvenir m'attire et me touche le plus. Ces courts moments de délire et de passion, quelque vifs qu'ils puissent être, ne sont cependant, et par leur vivacité même, que des points bien clairsemés dans la ligne de la vie. Ils sont trop rares et trop rapides pour constituer un état, et le bonheur que mon coeur regrette n'est point composé d'instants fugitifs mais un état simple et permanent, qui n'a rien de vif en lui-même, mais dont la durée
38   accroît le charme au point d'y trouver enfin la suprême félicité.

De quoi jouit-on dans une pareille situation ? De rien d'extérieur à soi, de rien sinon de soi-même et de sa propre existence, tant que cet état dure on se suffit à soi-même comme Dieu. Le sentiment de l'existence dépouillé de toute autre affection est par lui-même un sentiment précieux de contentement et de paix, qui suffirait seul pour rendre cette existence chère et douce à qui saurait écarter de soi toutes les impressions sensuelles et terrestres qui viennent sans cesse nous en distraire et en troubler ici-bas la douceur. Mais la plupart des hommes, agités de passions continuelles, connaissent peu cet état, et ne l'ayant goûté qu'imparfaitement durant peu d'instants n'en conservent qu'une idée obscure et confuse qui ne leur en fait pas sentir le charme. Il ne serait pas même bon, dans la présente constitution des choses, qu'avides de ces douces extases ils s'y dégoûtassent de la vie active dont leurs besoins toujours renaissants leur prescrivent le devoir. Mais un infortuné qu'on a retranché de la société humaine et qui ne peut plus rien faire ici-bas d'utile et de bon pour autrui ni pour soi, peut trouver dans cet état à toutes les félicités humaines des dédommagements que la fortune et les hommes
59   ne lui sauraient ôter.

Les Rêveries

Albert Samain
(1858-1900)

Comme une grande fleur…

Comme une grande fleur trop lourde qui défaille,
Parfois, toute en mes bras, tu renverses ta taille
Et plonges dans mes yeux tes beaux yeux verts ardents,
Avec un long sourire où miroitent tes dents...
5 Je t'enlace ; j'ai comme un peu de l'âpre joie
Du fauve frémissant et fier qui tient sa proie.
Tu souris... je te tiens pâle et l'âme perdue
De se sentir au bord du bonheur suspendue,
Et toujours le désir pareil au cœur me mord
10 De t'emporter ainsi, vivante, dans la mort.
Incliné sur tes yeux où palpite une flamme
Je descends, je descends, on dirait, dans ton âme...
De ta robe entr'ouverte aux larges plis flottants,
Où des éclairs de peau reluisent par instants,
15 Un arôme charnel où le désir s'allume
Monte à longs flots vers moi comme un parfum qui fume.
Et, lentement, les yeux clos, pour mieux m'en griser,
Je cueille sur tes dents la fleur de ton baiser !

Albert Samain
(1858-1900)

Mon âme est une infante …

Mon âme est une infante en robe de parade,
Dont l'exil se reflète, éternel et royal,
Aux grands miroirs déserts d'un vieil Escurial,
4   Ainsi qu'une galère oubliée en la rade.

Aux pieds de son fauteuil, allongés noblement,
Deux lévriers d'Écosse aux yeux mélancoliques
Chassent, quand il lui plaît, les bêtes symboliques
8   Dans la forêt du rêve et de l'Enchantement.

Son page favori, qui s'appelle Naguère,
Lui lit d'ensorcelants poèmes à mi-voix,
Cependant qu'immobile, une tulipe aux doigts,
12   Elle écoute mourir en elle leur mystère...

Le parc alentour d'elle étend ses frondaisons,
Ses marbres, ses bassins, ses rampes à balustres,
Et, grave, elle s'enivre à ces songes illustres
16   Que recèlent pour nous les nobles horizons.

Elle est là résignée, et douce, et sans surprise,
Sachant trop pour lutter comme tout est fatal,
Et se sentant, malgré quelque dédain natal,
20   Sensible à la pitié comme l'onde à la brise.

Elle est là résignée, et douce en ses sanglots,
Plus sombre seulement quand elle évoque en songe
Quelque Armada sombrée à l'éternel mensonge,
24   Et tant de beaux espoirs endormis sous les flots.

Des soirs trop lourds de pourpre où sa fierté soupire,
Les portraits de Van Dyck aux beaux doigts longs et purs,
Pâles en velours noir sur l'or vieilli des murs,
28 En leurs grands airs défunts la font rêver d'empire.

Les vieux mirages d'or ont dissipé son deuil,
Et, dans les visions où son ennui s'échappe,
Soudain – gloire ou soleil – un rayon qui la frappe
32 Allume en elle tous les rubis de l'orgueil.

Mais d'un sourire triste elle apaise ces fièvres ;
El, redoutant la foule aux tumultes de fer,
Elle écoute la vie – au loin – comme la mer...
36 Et le secret se lait plus profond sur ses lèvres.

Rien n'émeut d'un frisson l'eau pâle de ses yeux,
Où s'est assis l'Esprit voilé des Villes mortes ;
El par les salles, où sans bruit tournent les portes,
40 Elle va, s'enchantant de mots mystérieux.

L'eau vaine des jets d'eau là-bas tombe en cascade,
Et, pâle à la croisée, une tulipe aux doigts,
Elle est là, reflétée aux miroirs d'autrefois,
44 Ainsi qu'une galère oubliée en la rade.

Mon Ame est une infante en robe de parade.

Au jardin de l'Infante

Maurice Scève
(1504-1564)

De toi la douce…

De toi la douce, et fraîche souvenance
Du premier jour, qu'elle m'entra au cœur
Avec ta haute, et humble contenance,
Et ton regard d'Amour même vainqueur,
5   Y dépeignit par si vive liqueur
Ton effigie au vif tant ressemblante,
Que depuis l'Âme étonnée, et tremblante
De jour l'admire, et la prie sans cesse :
Et sur la nuit tacite, et sommeillante,
10   Quand tout repose, encor moins elle cesse.

Maurice Scève
(1504-1564)

Tant je l'aimai…

Tant je l'aimai, qu'en elle encor je vis :
Et tant la vis, que, malgré moi, je l'aime.
Le sens, et l'âme y furent tant ravis,
Que par l'Œil faut que le cœur la désaime.
5   Est-il possible en ce degré suprême
Que fermeté son outrepas révoque ?
Tant fut la flamme en nous deux réciproque,
Que mon feu luit, quand le sien clair m'appert.
Mourant le sien, le mien tôt se suffoque.
10   Et ainsi elle, en se perdant, me perd.

Georges de Scudéry
(1601-1667)

Pour une inconstante

Elle aime, et n'aime plus, et puis elle aime encore,
La volage beauté que je sers constamment ;
L'on voit ma fermeté ; l'on voit son changement ;
4   Et nous aurions besoin, elle et moi, d'ellébore.[1]

Cent fois elle brûla du feu qui me dévore ;
Cent fois elle éteignit ce faible embrasement ;
Et semblable à l'Égypte, en mon aveuglement,
8   C'est un caméléon que mon esprit adore.

Puissant maître des sens, écoute un malheureux ;
Amour, sois alchimiste, et sers-toi de tes feux,
11   A faire que son cœur prenne une autre nature ;

Comme ce cœur constant me serait un trésor,
Je ne demande point que tu fasses de l'or,
14   Travaille seulement à fixer ce mercure.

Poésies diverses

[1] Plante vivace supposée, autrefois, guérir la folie.

Senghor
(1906-2001)

Femme nue, femme noire

Femme nue, femme noire
Vêtue de ta couleur qui est vie, de ta forme qui est beauté
J'ai grandi à ton ombre; la douceur de tes mains bandait mes yeux
Et voilà qu'au coeur de l'Été et de Midi,
5 Je te découvre, Terre promise, du haut d'un haut col calciné
Et ta beauté me foudroie en plein coeur, comme l'éclair d'un aigle
Femme nue, femme obscure
Fruit mûr à la chair ferme, sombres extases du vin noir, bouche qui fais lyrique ma bouche
Savane aux horizons purs, savane qui frémis aux caresses ferventes du Vent d'Est
10 Tamtam sculpté, tamtam tendu qui gronde sous les doigts du vainqueur
Ta voix grave de contralto est le chant spirituel de l'Aimée
Femme noire, femme obscure
Huile que ne ride nul souffle, huile calme aux flancs de l'athlète, aux flancs des princes du Mali
Gazelle aux attaches célestes, les perles sont étoiles sur la nuit de ta peau.
15 Délices des jeux de l'Esprit, les reflets de l'or ronge ta peau qui se moire
A l'ombre de ta chevelure, s'éclaire mon angoisse aux soleils prochains de tes yeux.
Femme nue, femme noire
Je chante ta beauté qui passe, forme que je fixe dans l'Éternel
Avant que le destin jaloux ne te réduise en cendres pour nourrir les racines de la vie.

Chants d'ombre

235

Senghor
(1906-2001)

Poème à mon frère blanc

Cher frère blanc

Quand je suis né, j'étais Noir
Quand j'ai grandi, j'étais Noir
Quand je vais au soleil, je suis Noir
5   Quand j'ai peur, je suis Noir
Quand je suis malade, je suis Noir
Quand je mourrai, je serai Noir

Tandis que toi, Frère Blanc

Quand tu es né tu étais Rose
10   Quand tu as grandi, tu étais Blanc
Quand tu vas au soleil, tu es Rouge
Quand tu as froid, tu es Bleu
Quand tu as peur, tu es Vert
Quand tu es malade, tu es Jaune
15   Quand tu seras mort, tu seras Gris

Alors, de nous deux, qui est l'homme de couleur ?

Paul-Jean Toulet
(1867-1920)

En Arle

    Dans Arle, où sont les Aliscans
    Quand l'ombre est rouge sous les roses
3   Et clair le temps,

    Prends garde à la douceur des choses
    Lorsque tu sens battre sans cause
6   Ton coeur trop lourd

    Et que se taisent les colombes :
    Parle tout bas si c'est d'amour
9   Au bord des tombes.

Les Contrerimes

Guy Tirolien
(1917-1988)

Prière d'un petit enfant nègre

Seigneur je suis très fatigué
Je suis né fatigué
Et j'ai beaucoup marché depuis le chant du coq
Et le morne est bien haut qui mène à leur école,
Seigneur, je ne veux plus aller à leur école,
Faites, je vous en prie, que je n'y aille plus.
Je veux suivre mon père dans les ravines fraîches
Quand la nuit flotte encore dans le mystère des bois
Où glissent les esprits que l'aube vient chasser
10 Je veux aller pieds-nus par les rouges sentiers
Que cuisent les flammes de midi
Je veux dormir ma sieste au pied des lourds manguiers
Je veux me réveiller
Lorsque là-bas mugit la sirène des blancs
Et que l'Usine
Sur l'océan des cannes
Comme un bateau ancrée
Vomit dans la campagne son équipage nègre...
Seigneur, je ne veux plus aller à leur école
20 Faites, je vous en prie, que je n'y aille plus
Ils racontent qu'il faut qu'un petit nègre y aille
Pour qu'il devienne pareil
Aux messieurs de la ville
Aux messieurs comme il faut.
Mais moi je ne veux pas
Devenir, comme ils disent,
Un monsieur de la ville
Un monsieur comme il faut.
Je préfère flâner le long des sucreries
30 Où sont les secs repus

Que gonfle un sucre brun autant que ma peau brune
Je préfère vers l'heure où la lune amoureuse
Parle bas à l'oreille des cocotiers penchés
Écouter ce que dit dans la nuit
La voix cassée d'un vieux qui raconte en fumant
Les histoires de Zamba et compère Lapin
Et bien d'autres choses encore
Qui ne sont pas dans les livres.
Les nègres, vous le savez, n'ont que trop travaillé
40 Pourquoi faut-il de plus apprendre dans les livres
Qui nous parlent de choses qui ne sont point d'ici
Et puis elle est vraiment trop triste leur école
Triste comme
Ces Messieurs de la ville
Ces Messieurs comme il faut
Qui ne savent plus danser le soir au clair de lune
Qui ne savent plus marcher sur la chair de leurs pieds
Qui ne savent plus conter les contes aux veillées
Seigneur, je ne veux plus aller à leur école.

Balles d'or

Valéry
(1871-1945)

La Fileuse

Assise, la fileuse au bleu de la croisée
Où le jardin mélodieux se dodeline ;
3   Le rouet ancien qui ronfle l'a grisée.

Lasse, ayant bu l'azur, de filer la câline
Chevelure, à ses doigts si faibles évasives,
6   Elle songe, et sa tête petite s'incline.

Un arbuste et l'air pur font une source vive
Qui, suspendue au jour, délicieuse arrose
9   De ses pertes de fleurs le jardin de l'oisive.

Une tige, où le vent vagabond se repose,
Courbe le salut vain de sa grâce étoilée,
12   Dédiant magnifique, au vieux rouet, sa rose.

Mais la dormeuse file une laine isolée ;
Mystérieusement l'ombre frêle se tresse
15   Au fil de ses doigts longs et qui dorment, filée.

Le songe se dévide avec une paresse
Angélique, et sans cesse, au doux fuseau crédule,
18   La chevelure ondule au gré de la caresse...

Derrière tant de fleurs, l'azur se dissimule,
Fileuse de feuillage et de lumière ceinte :
21   Tout le ciel vert se meurt. Le dernier arbre brûle.

Ta sœur, la grande rose où sourit une sainte,
Parfume ton front vague au vent de son haleine
24   Innocente, et tu crois languir... Tu es éteinte

Au bleu de la croisée où tu filais la laine.

Valéry
(1871-1945)

Les Pas

Tes pas, enfants de mon silence,
Saintement, lentement placés,
Vers le lit de ma vigilance
4   Procèdent muets et glacés.

Personne pure, ombre divine,
Qu'ils sont doux, tes pas retenus !
Dieux !... tous les dons que je devine
8   Viennent à moi sur ces pieds nus !

Si, de tes lèvres avancées,
Tu prépares pour l'apaiser,
A l'habitant de mes pensées
12   La nourriture d'un baiser,

Ne hâte pas cet acte tendre,
Douceur d'être et de n'être pas,
Car j'ai vécu de vous attendre,
16   Et mon cœur n'était que vos pas.

Charmes

Paul Valéry
(1871-1945)

Le cimetière marin

Ce toit tranquille, où marchent des colombes,
Entre les pins palpite, entre les tombes;
Midi le juste y compose de feux
La mer, la mer, toujours recommencée
O récompense après une pensée
6   Qu'un long regard sur le calme des dieux!

Quel pur travail de fins éclairs consume
Maint diamant d'imperceptible écume,
Et quelle paix semble se concevoir!
Quand sur l'abîme un soleil se repose,
Ouvrages purs d'une éternelle cause,
12   Le temps scintille et le songe est savoir.

Stable trésor, temple simple à Minerve,
Masse de calme, et visible réserve,
Eau sourcilleuse, Œil qui gardes en toi
Tant de sommeil sous une voile de flamme,
O mon silence! . . . Édifice dans l'âme,
18   Mais comble d'or aux mille tuiles, Toit!

Temple du Temps, qu'un seul soupir résume,
À ce point pur je monte et m'accoutume,
Tout entouré de mon regard marin;
Et comme aux dieux mon offrande suprême,
La scintillation sereine sème
24   Sur l'altitude un dédain souverain.

Comme le fruit se fond en jouissance,
Comme en délice il change son absence
Dans une bouche où sa forme se meurt,
Je hume ici ma future fumée,
Et le ciel chante à l'âme consumée
30   Le changement des rives en rumeur…

L'âme exposée aux torches du solstice,
Je te soutiens, admirable justice
De la lumière aux armes sans pitié!
Je te tends pure à ta place première,
Regarde-toi! . . . Mais rendre la lumière
36   Suppose d'ombre une morne moitié.

O pour moi seul, à moi seul, en moi-même,
Auprès d'un coeur, aux sources du poème,
Entre le vide et l'événement pur,
J'attends l'écho de ma grandeur interne,
Amère, sombre, et sonore citerne,
42   Sonnant dans l'âme un creux toujours futur!

Sais-tu, fausse captive des feuillages,
Golfe mangeur de ces maigres grillages,
Sur mes yeux clos, secrets éblouissants,
Quel corps me traîne à sa fin paresseuse,
Quel front l'attire à cette terre osseuse?
48   Une étincelle y pense à mes absents.

Fermé, sacré, plein d'un feu sans matière,
Fragment terrestre offert à la lumière,
Ce lieu me plaît, dominé de flambeaux,
Composé d'or, de pierre et d'arbres sombres,
Où tant de marbre est tremblant sur tant d'ombres;
54   La mer fidèle y dort sur mes tombeaux! …

Le vent se lève! . . . il faut tenter de vivre!
L'air immense ouvre et referme mon livre,
La vague en poudre ose jaillir des rocs!
Envolez-vous, pages tout éblouies!
Rompez, vagues! Rompez d'eaux réjouies
60   Ce toit tranquille où picoraient des focs!

Le Cimetière marin

Verlaine
(1844-1896)

Chanson d'automne

Les sanglots longs
Des violons
De l'automne
Blessent mon cœur
5 D'une langueur
Monotone.

Doucement tinte.
Tout suffoquant
Et blême quand
10 Sonne l'heure,
Je me souviens
Des jours anciens
Et je pleure,

Et je m'en vais
15 Au vent mauvais
Qui m'emporte
De çà, de là,
Pareil à la
Feuille morte.

Poèmes

Verlaine
(1844-1896)

Il pleure dans mon cœur

Il pleure dans mon cœur
Comme il pleut sur la ville.
Quelle est cette langueur
Qui pénètre mon cœur?
5   O bruit doux de la pluie
Par terre et sur les toits!
Pour un cœur qui s'ennuie,
O le chant de la pluie!
Il pleure sans raison
10 Dans ce cœur qui s'écœure.
Quoi! Nulle trahison?
Ce deuil est sans raison.

C'est bien la pire peine
De ne savoir pourquoi
15 Sans amour et sans haine
Mon cœur a tant de peine.

Romances sans paroles

Verlaine
(1844-1896)

La lune blanche

La lune blanche
Luit dans les bois
De chaque branche
Part une voix
Sous la ramée...

6   Ô bien-aimée.

L'étang reflète,
Profond miroir,
La silhouette
Du saule noir
Où le vent pleure...

12   Rêvons, c'est l'heure.

Un vaste et tendre
Apaisement
Semble descendre
Du firmament
Que l'astre irise...

18   C'est l'heure exquise.

La bonne chanson

Verlaine
(1844-1896)

Le ciel est, par-dessus le toit

Le ciel est, par-dessus le toit,
Si bleu, si calme!
Un arbre, par-dessus le toit
4   Berce sa palme.

La cloche dans le ciel qu'on voit
Doucement tinte.
Un oiseau sur l'arbre qu'on voit
8   Chante sa plainte.

Mon Dieu, mon Dieu, la vie est là
Simple et tranquille.
Cette paisible rumeur-là
12   Vient de la ville.

– Qu'as-tu fait, ô toi que voilà,
Pleurant sans cesse,
Dis, qu'as-tu fait, toi que voilà,
16   De ta jeunesse?

Verlaine
(1844-1896)

Art poétique

De la musique avant toute chose,
Et pour cela préfère l'Impair
Plus vague et plus soluble dans l'air,
4   Sans rien en lui qui pèse ou qui pose.

Il faut aussi que tu n'ailles point
Choisir tes mots sans quelque méprise :
Rien de plus cher que la chanson grise
8   Où l'Indécis au Précis se joint.

C'est des beaux yeux derrière des voiles,
C'est le grand jour tremblant de midi,
C'est, par un ciel d'automne attiédi,
12   Le bleu fouillis des claires étoiles !

Car nous voulons la Nuance encor,
Pas la Couleur, rien que la nuance !
Oh ! La nuance seule fiance
16   Le rêve au rêve et la flûte au cor !

Fuis du plus loin la Pointe assassine,
L'Esprit cruel et le Rire impur,
Qui font pleurer les yeux de l'Azur,
20   Et tout cet ail de basse cuisine !

Prends l'éloquence et tords-lui son cou !
Tu feras bien, en train d'énergie,
De rendre un peu la Rime assagie.
24   Si l'on n'y veille, elle ira jusqu'où ?

Ô qui dira les torts de la Rime ?
Quel enfant sourd ou quel nègre fou
Nous a forgé ce bijou d'un sou
28   Qui sonne creux et faux sous la lime ?

De la musique encore et toujours !
Que ton vers soit la chose envolée
Qu'on sent qui fuit d'une âme en allée
32   Vers d'autres cieux à d'autres amours.

Que ton vers soit la bonne aventure
Éparse au vent crispé du matin
Qui va fleurant la menthe et le thym…
36   Et tout le reste est littérature.

Jadis et naguère

Verlaine
(1844-1896)

Mon Rêve familier

Je fais souvent ce rêve étrange et pénétrant
D'une femme inconnue, et que j'aime, et qui m'aime,
Et qui n'est, chaque fois, ni tout à fait la même
.4 Ni tout à fait une autre, et m'aime et me comprend.

Car elle me comprend, et mon cœur transparent
Pour elle seule, hélas ! cesse d'être un problème
Pour elle seule, et les moiteurs de mon front blême,
8   Elle seule les sait rafraîchir, en pleurant.

Est-elle brune, blonde ou rousse ? --Je l'ignore.
Son nom ? Je me souviens qu'il est doux et sonore
11 Comme ceux des aimés que la Vie exila.

Son regard est pareil au regard des statues,
Et pour sa voix, lointaine, et calme, et grave, elle a
14 L'inflexion des voix chères qui se sont tues.

Poèmes saturniens

250

Verlaine
(1844-1896)

Nevermore

Souvenir, souvenir, que me veux-tu ? L'automne
Faisait voler la grive à travers l'air atone,
Et le soleil dardait un rayon monotone
4   Sur le bois jaunissant où la bise détone.

Nous étions seul à seule et marchions en rêvant,
Elle et moi, les cheveux et la pensée au vent
Soudain, tournant vers moi son regard émouvant :
8   « Quel fut ton plus beau jour ! » fit sa voix d'or vivant,

Sa voix douce et sonore, au frais timbre angélique.
Un sourire discret lui donna la réplique,
11   Et je baisai sa main blanche, dévotement.

- Ah ! les premières fleurs qu'elles sont parfumées
Et qu'il bruit avec un murmure charmant
14   Le premier oui qui sort de lèvres bien-aimées !

Poèmes saturniens

251

Alfred de Vigny
(1797-1863)

La mort du loup

I

Les nuages couraient sur la lune enflammée
Comme sur l'incendie on voit fuir la fumée,
Et les bois étaient noirs jusques à l'horizon.
Nous marchions, sans parler, dans l'humide gazon,
Dans la bruyère épaisse et dans les hautes brandes,
Lorsque, sous des sapins pareils à ceux des Landes,
Nous avons aperçu les grands ongles marqués
Par les loups voyageurs que nous avions traqués.
Nous avons écouté, retenant notre haleine
10 Et le pas suspendu. -- Ni le bois ni la plaine
Ne poussaient un soupir dans les airs; seulement
La girouette en deuil criait au firmament;
Car le vent, élevé bien au-dessus des terres,
N'effleurait de ses pieds que les tours solitaires,
Et les chênes d'en bas, contre les rocs penchés,
Sur leurs coudes semblaient endormis et couchés.
Rien ne bruissait donc, lorsque, baissant la tête,
Le plus vieux des chasseurs qui s'étaient mis en quête
A regardé le sable en s'y couchant; bientôt,
20 Lui que jamais ici l'on ne vit en défaut,
A déclaré tout bas que ces marques récentes
Annonçaient la démarche et les griffes puissantes
De deux grands loups-cerviers et de deux louveteaux.
Nous avons tous alors préparé nos couteaux,
Et, cachant nos fusils et leurs lueurs trop blanches,
Nous allions, pas à pas, en écartant les branches.
Trois s'arrêtent, et moi, cherchant ce qu'ils voyaient,
J'aperçois tout à coup deux yeux qui flamboyaient,

Et je vois au delà quatre formes légères
30 Qui dansaient sous la lune au milieu des bruyères,
Comme font chaque jour, à grand bruit sous nos yeux,
Quand le maître revient, les lévriers joyeux.
Leur forme était semblable et semblable la danse,
Mais les enfants du Loup se jouaient en silence,
Sachant bien qu'à deux pas, ne dormant qu'à demi,
Se couche dans ses murs l'homme, leur ennemi.
Le père était debout, et plus loin, contre un arbre,
Sa Louve reposait comme celle de marbre
Qu'adoraient les Romains, et dont les flancs velus
40 Couvaient les demi-dieux Remus et Romulus.
Le Loup vient et s'assied, les deux jambes dressées,
Par leurs ongles crochus dans le sable enfoncées.
Il s'est jugé perdu, puisqu'il était surpris,
Sa retraite coupée et tous ses chemins pris;
Alors il a saisi, dans sa gueule brûlante,
Du chien le plus hardi la gorge pantelante,
Et n'a pas desserré ses mâchoires de fer,
Malgré nos coups de feu qui traversaient sa chair,
Et nos couteaux aigus qui, comme des tenailles,
50 Se croisaient en plongeant dans ses larges entrailles,
Jusqu'au dernier moment où le chien étranglé,
Mort longtemps avant lui, sous ses pieds a roulé.
Le Loup le quitte alors et puis il nous regarde.
Les couteaux lui restaient au flanc jusqu'à la garde,
Le clouaient au gazon tout baigné dans son sang;
Nos fusils l'entouraient en sinistre croissant.
Il nous regarde encore, ensuite il se recouche,
Tout en léchant le sang répandu sur sa bouche,
Et, sans daigner savoir comment il a péri,
60 Refermant ses grands yeux, meurt sans jeter un cri.

II

J'ai reposé mon front sur mon fusil sans poudre,
Me prenant à penser, et n'ai pu me résoudre
A poursuivre sa Louve et ses fils, qui, tous trois,
Avaient voulu l'attendre; et, comme je le crois,
Sans ses deux Louveteaux, la belle et sombre veuve
Ne l'eût pas laissé seul subir la grande épreuve;
Mais son devoir était de les sauver, afin
De pouvoir leur apprendre à bien souffrir la faim,
A ne jamais entrer dans le pacte des villes
70 Que l'homme a fait avec les animaux serviles
Qui chassent devant lui, pour avoir le coucher,
Les premiers possesseurs du bois et du rocher.

III

Hélas! ai-je pensé, malgré ce grand nom d'Hommes,
Que j'ai honte de nous, débiles que nous sommes!
Comment on doit quitter la vie et tous ses maux,
C'est vous qui le savez, sublimes animaux!
A voir ce que l'on fut sur terre et ce qu'on laisse,
Seul le silence est grand; tout le reste est faiblesse.
-- Ah! je t'ai bien compris, sauvage voyageur,
80 Et ton dernier regard m'est allé jusqu'au coeur!
Il disait : « Si tu peux, fais que ton âme arrive,
A force de rester studieuse et pensive,
Jusqu'à ce haut degré de stoïque fierté
Où, naissant dans les bois, j'ai tout d'abord monté.
Gémir, pleurer, prier est également lâche.
Fais énergiquement ta longue et lourde tâche
Dans la voie où le sort a voulu t'appeler,
Puis, après, comme moi, souffre et meurs sans parler.

Les Destinées»

François Villon
(1431 ? - 1463 ?)

Ballade des Dames du temps jadis

Dites-moi où, n'en quel pays,
Est Flora la belle Romaine,
Archipiades, ni Thaïs,
Qui fut sa cousine germaine ;
Echo parlant quand bruit on mène
Dessus rivière ou sus étang,
Qui beauté eut trop plus qu'humaine
8   Mais où sont les neiges d'antan?

Où est la très sage Héloïs,
Pour qui fut châtré et puis moine
Pierre Abélard à Saint-Denis ?
Pour son amour eut cette essoyne.
Semblablement, où est la royne
Qui commanda que Buridan
Fut jeté en un sac en Seine ?
16   Mais où sont les neiges d'antan ?

La reine Blanche comme lis
Qui chantait à voix de sirène,
Berthe au grand pied, Bietris, Alis,
Et Jehanne la bonne Lorraine
Qu'Anglois brûlèrent à Rouen ;
Où sont-ils, Vierge souveraine ?
24   Mais où sont les neiges d'antan ?

Prince n'enquérez de semaine
Où elles sont, ni de cet an,
Qu'à ce refrain ne vous remaine
Mais où sont les neiges d'antan ?

Le Grand Testament

François Villon
(1431 ? - 1463 ?)

La Ballade des pendus

Frères humains qui après nous vivez
N'ayez les coeurs contre nous endurcis,
Car, ce pitié de nous pauvres avez,
Dieu en aura plus tôt de vous mercis.[1]
Vous nous voyez ci, attachés cinq, six
Quant de la chair, que trop avons nourrie,
Elle est piéca[2] dévorée et pourrie,
Et nous les os, devenons cendre et poudre.
De notre mal personne ne s'en rie:
10   Mais priez Dieu que tous nous veuille absoudre! …

La pluie nous a débués[3] et lavez,
Et le soleil desséchez et noircis:
Pies, corbeaux nous ont les yeux cavez
Et arraché la barbe et les sourcils.
Jamais nul temps nous ne sommes assis;
Puis ça, puis là, comme le vent varie,
A son plaisir sans cesser nous charie,
Plus becquetez d'oiseaux que dés à coudre.
Ne soyez donc de nostre confrérie;
20   Mais priez Dieu que tous nous veuille absoudre!

Prince Jésus, qui sur tous a maistrie[4],
Garde qu'Enfer n'ait de nous seigneurie:
A lui n'avons que faire ne que soudre.
Hommes, ici n'a point de moquerie;
Mais priez Dieu que tous nous veuille absoudre!

Poésies

---

[1] pitié
[2] à certains endroits
[3] lessivés
[4] pouvoir

Vincent Voiture
(1598-1648)

Le Sonnet d'Uranie

Il faut finir mes jours en l'amour d'Uranie !
L'absence ni le temps ne m'en sauraient guérir,
Et je ne dois plus rien qui me pût secourir,
4   Ni qui sût rappeler ma liberté bannie.

Dès longtemps je connais sa rigueur infinie !
Mais pensant aux beautés pour qui je dois périr,
Je bénis mon martyre et, content de mourir,
8   Je n'ose murmurer contre sa tyrannie.

Quelquefois ma raison, par de faibles discours,
M'incite à la révolte et me promet secours.
11   Mais, lorsqu'à mon besoin je me veux servir d'elle,

Après beaucoup de peine et d'efforts impuissants,
Elle dit qu'Uranie est seule aimable et belle,
14   Et m'y engage plus que ne font tous mes sens.

Voltaire
(1694-1778)

Épigramme 1

L'autre jour, au fond d'un vallon,
Un serpent piqua Jean Fréron.[1]
Que pensez-vous qu'il arriva ?
Ce fut le serpent qui creva.

1. Écrivain ennemi de Voltaire

Épigramme 2

Savez-vous pourquoi Jérémie
A tant pleuré toute sa vie ?
C'est qu'en prophète il prévoyait
Qu'un jour Le Franc[1] le traduirait.

1. Écrivain ennemi de Voltaire

Voltaire
(1694-1778)

Regrettera qui veut le bon vieux temps,
Et l'âge d'or, et le règne d'Astrée,
Et les beaux jours de Saturne et de Rhée,
Et le jardin de nos premiers parents;
5 Moi, je rends grâce à la nature sage
Qui, pour mon bien, m'a fait naître en cet âge
Tant décrié par nos tristes frondeurs :
Ce temps profane est tout fait pour mes moeurs.
J'aime le luxe, et même la mollesse,
10 Tous les plaisirs, les arts de toute espèce,
La propreté, le goût, les ornements:
Tout honnête homme a de tels sentiments.
Il est bien doux pour mon coeur très immonde
De voir ici l'abondance à la ronde,
15 Mère des arts et des heureux travaux,
Nous apporter, de sa source féconde,
Et des besoins et des plaisirs nouveaux.
L'or de la terre et les trésors de l'onde,
Leurs habitants et les peuples de l'air,
20 Tout sert au luxe, aux plaisirs de ce monde.
O le bon temps que ce siècle de fer!
Le superflu, chose très nécessaire,
A réuni l'un et l'autre hémisphère…
Quand la nature était dans son enfance,
25 Nos bons aïeux vivaient dans l'ignorance,
Ne connaissant ni le *tien* ni le *mien*…
Or maintenant voulez-vous, mes amis,
Savoir un peu, dans nos jours tant maudits,
Soit à Paris, soit dans Londres, ou dans Rome,
30 Quel est le train des jours d'un honnête homme?
Entrez chez lui: la foule des beaux-arts,
Enfants du goût, se montre à vos regards…

TABLE DES MATIÈRES

ANTHOLOGIE

LISTE DES AUTEURS